소매업 / 성공사례집

소매업
성공사례집

김상덕

초판 1쇄 인쇄 2009. 11. 18.
초판 1쇄 발행 2009. 11. 30.

발행인 박재규
발행처 경남대학교 출판부

등록번호 제55호
등록일자 1974. 3. 14.

경남 마산시 월영동 449번지 우편번호 110-260
구매문의 055)249-2330, 전송 055)249-2073
전자우편 ko10@kyungnam.ac.kr

값 15,000원

ISBN 978-89-8421-303-6-03320

S U C C E S S C A S E

소매업 성공사례집

김상덕 지음

경남대학교 출판부

머리말
PROLOGUE

산업의 중심이 제조업에서 유통업으로 중심이동하면서 유통업, 특히, 소비자와 가장 가까이 있는 소매업에 대한 관심이 업계와 학계에서도 활발히 나타나고 있다. 많은 유통업체와 제조업체의 마케팅/영업 부서는 관련 종업원들을 대상으로 한 교육을 강화하고 있고, 학계에서도 기존 소매업 이론들을 정리함과 동시에 새로운 이론들을 개발하는데 많은 노력을 하고 있다.

하지만 기존에 발행된 각종 서적과 논문들은 대부분 소매업의 이론을 연구하고, 가르치기에 급급한 것이 아쉽지만 우리나라 소매업 분야 간행물들의 큰 한계이다. 사례연구가 실무에 독자들이 이해하기 쉽고, 다양한 실무적 함의를 제시할 수 있음에도 불구하고 사례만을 전문적으로 다룬 소매업 분야 간행물은 거의 찾아보기 어렵다. 이로 인해, 업계 실무자들은 복잡한 이론을 실무에 적용하는데 애를 먹고 있고, 연구자들은 현실감각이 부족한 이론들이 도대체 어디에 어떻게 쓰이는지 잘 알기 어렵다.

본 저서는 이러한 필요성에 의해 저술되었다. 본 저서의 특징을 세가지로 말하자면 다음과 같다.

첫째, 본 저서는 그야말로 사례만을 다루고 있다. 16가지 소매업의 주요 주제들과 관련된 총 58개의 사례들을 소개해 선진소매기업들의 다양한 소매관리 기법을 접할 수 있게 하고 있다.

둘째, 본 저서는 각각의 사례들이 가지고 있는 이슈들을 제시하고, 사례에 대한 해설을 덧붙임으로써 사례에 대한 보다 쉬운 이해를 가능하게 하고 있다.

셋째, 본 저서에 소개되는 사례들은 국내외 소매업의 최근 트렌드를 반영하고 있다. 58개의 사례들은 거의 모두 최근 2년 이내의 사례들로 소매업체들이 현재 시점에서 수행하고 있는 전략 트렌드를 잘 반영하고 있다.

이러한 본 저서는 1장 쇼핑행동 관련 사례, 2장 쇼핑라이프스타일 관련 사례, 3장 소매기술 관련 사례, 4장 소매업의 구조 관련 사례, 5장 소매업의 경쟁전략 관련 사례, 6장 소매업 멀티채널 전략 관련 사례, 7장 소매업 국제화 관련 사례, 8장 입지 선정 관련 사례, 9장 공급체인관리 관련 사례, 10장 인사 및 조직관리 관련 사례, 11장 머천다이징 관련 사례 Ⅰ: 상품구색, 12장 머천다이징 관련 사례 Ⅱ: PB, 13장 가격관리 관련 사례, 14장 커뮤니케이션 관련 사례, 15장 Visual Merchandising 관련 사례, 16장 고객 서비스 관련 사례 등 소매관리의 기본적인 이론체계를 따르고 있기 때문에, 기존 소매관리 이론 서적들과 함께 읽으면 더 큰 효과를 볼 수 있다.

본 저서가 탄생하기까지는 많은 분들의 도움이 필요했다. 20년 가까이 저자를 지도해 주고 계신 연세대학교 오세조 교수님과 유통관련 지식들을 아낌없이 공유해 주고 있는 동문 선후배분들에게 먼저 감사의 말씀을

드린다. 다음으로 마케팅 분야의 대선배이시자 평소 많은 가르침을 주시는 경남대학교의 김용만 교수님, 최덕철 교수님께 감사드린다. 또한 자료수집과 편집에 많은 애를 써 준 창현에게도 감사드린다. 저술 작업을 경제적으로 지원해 주신 경남대학교 언론출판국에도 감사들 드리며, 친절하고 전문적이신 김미숙 선생님께도 감사드린다.

무엇보다도 변함없이 헌신적으로 저자의 곁을 지키고 있는 아내와 나의 분신 성주, 한아에게 가장 특별한 감사를 드리며, 마지막으로 본 저서는 2009학년도 경남대학교 학술연구장려금의 지원을 받아서 작성되었다. 연구자에게 지원을 아끼지 않는 경남대학교에도 감사를 드린다.

2009년 저자 씀

contents

제5장 소매업의 경쟁전략 관련 사례

제6장 소매업 멀티채널 전략 관련 사례

제7장 소매업의 국제화 관련 사례

제8장 입지 선정 관련 사례

제9장 공급체인관리 관련 사례

제10장 인사 및 조직관리 관련 사례

제11장 머천다이징 관련 사례 I : 상품구색

제12장 머천다이징 관련 사례 II : PB

제1장

쇼핑행동 관련 사례

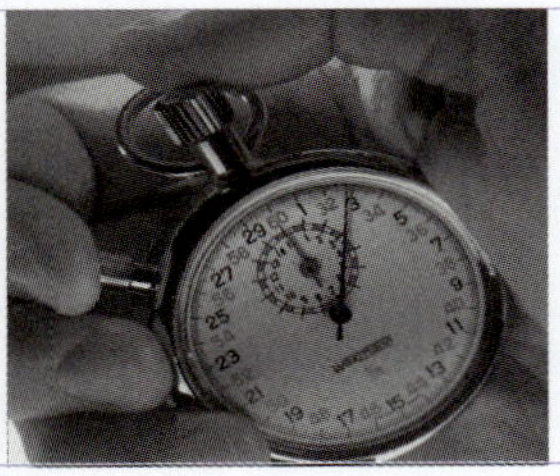

1 _ 쇼핑행동 관련 사례

case 1-1

절약에 지친 소비자에게 소소한 만족 주는 미니 사치품

최근 전 세계를 강타하고 있는 경기침체로 인해 일본 소비자들의 저가 상품 선호경향이 강해지고 있는 가운데, 절약지향형 소비패턴을 보이고 있는 일본 소비자들의 지갑을 열게 만드는 상품이나 서비스가 있어 주목을 받고 있다. 이런 상품이나 서비스의 특징은 저렴할 뿐만 아니라 절약으로 이어지는 기능을 보유하고 있으며, 나아가 소소한 만족감을 맛볼 수 있다는 것이다. 예를 들어 최근 일본에서는 점심 값을 절약하기 위한 도시락통이 인기를 끌고 있다. 일본의 유명 잡화판매 전문점인 로프트에는 요즘 도시락통이나 물통을 사려는 20~30대 직장여성들의 발길이 끊이지 않고 있다고 한다. 점심을 외식이 아닌 도시락으로 해결하는 직장인이 늘고 있는 가운데, 특히 여성을 중심으로 이러한 경향이 강해지고 있다.

로프트에서 판매 중인 도시락통 중 인기상품의 가격은 1500~1800엔 정도로, 도시락통으로는 결코 싸지 않은 가격이지만 3~10월의 매출은 전년대비 10%나 증가했다고 한다.

일본의 유명 잡화점 로프트

로프트에서 판매되고 있는 도시락통

또한 이토요카도에서 판매 중인 보습기능이 포함된 도시락통도 지난 봄부터 전년대비 60%의 매출신장률을 기록하며 인기리에 판매되고 있으며, 이온에서도 보존용 용기나 젓가락의 판매가 10% 정도 증가하는 등 외식자재와 관련된 제품들이 인기를 끌고 있다. 특히, 절약과 더불어 환경배려에 대한 관심으로 물통도 인기가 있다. 로프트에서는 3000엔 전후의 물통판매가 40%나 증가해 로프트가 취급하고 있는 전 상품 중에서 단연 돋보이는 매출신장을 기록하고 있다. 물통은 쉽게 갈증을 느끼는 여

름철뿐만 아니라 가을 이후로도 줄곧 판매가 호조를 유지하고 있다고 한다.

물통이 이처럼 인기를 끌고 있는 것은 절약을 위해 음료수 구입을 자제하고, 물통을 이용해 녹차 등을 휴대하는 소비자가 늘고 있는 탓도 있지만, 그보다는 쓰레기가 되는 페트병을 사용하지 않으려는 소비자들의 환경의식 강화가 주요한 이유라고 한다. 이와 같은 물통의 인기에 착안해 시부야 세이부 백화점은 10월 하순부터 백화점 내의 음식점 등에 차를 받을 수 있는 장소를 설치, 물통을 가지고 온 사람에게 유료로 차를 물통에 넣을 수 있는 서비스를 제공하고 있다.

한편, 가격이 싸다고 해서 아무 제품이나 쓸 수는 없다고 소비자가 품질에 집착하는 몇몇 상품들이 있는데, 이러한 상품들은 가격에 상관없이 호조를 보이고 있다. 화장품이 바로 이러한 상품의 대표격이라 할 수 있으며, 금융위기의 직격탄을 맞고 대부진의 늪에 빠져 있는 백화점이지만 화장품만큼은 매월 전년 실적을 상회하는 매출을 기록하고 있다.

시세이도 화장품의 초고급 시리즈인 '크레 · 드 · 포 보테 시너직' 라인의 제품은 보습액이나 에센스가 2만 엔(원화 약 30만 원 상당)을 넘는 고가제품이지만, 당초 예상보다 50% 이상 늘어난 판매호조를 보이고 있다. 일본에서는 최근 40세 전후의 여성들을 가리키는 '아라포'라는 신조어가 유행인데, 이 '아라포' 여성들이 젊음을 유지하기 위해서는 자신에 대한 투자를 아까워해서는 안 된다며 이 제품을 구입하고 있다고 한다.

또한, 지난 11월 21일부터 롯데리아가 동종 업계에서는 고가에 해당하는 소비세 포함 420엔의 '절품 베이컨 치즈 햄버거'의 판매를 시작했다. 맛있는 빵과 두툼한 고기가 특징인 햄버거로, 작년 가을부터 약 1500만

개가 팔린 '롯데리아 절품' 시리즈를 진화시킨 상품이다. 산토리가 '스타벅스커피 재팬'과 공동으로 10월에 출시한 캔커피 '스타벅스 더블샷'(178엔, 140g)도 일반 캔커피(가격은 100~120엔 정도임)에 비해 다소 비싸지만, 출시 당시 연간 9,000만 캔이었던 판매계획을 상향 수정할 정도로 인기라고 한다.

경기가 악화되고 있는 가운데, 일본 소비자의 저가지향 소비경향은 점점 현저해지고 있다. 그러나 식사비와 음료수값 절약을 위해 도시락통과 물통을 구입하면서도 소소한 만족감을 줄 수 있는 세련된 디자인이나 기능을 갖고 있다면 비교적 고가라도 구입을 주저하지 않는 것으로 나타난다. 일본 소비자는 단순히 가격이 싸기만 한 상품이나 서비스를 오래 참지는 못한다. 위에서 나열한 제품들을 살펴보면, 필요한 기능만을 추출해 특화하거나 건강지향이나 에코에 부응하는 등, 새로운 가치관이나 만족감으로 연결되는 서비스나 제품이라면 고가라도 소비자에게 받아들여진다는 것을 알 수 있다.

▮ 자료원 : 대한무역진흥공사 보고서, "日, 절약에 지친 소비자에게 소소한 만족주는 '미니 사치품' 인기", 2008. 11. 28의 내용을 요약정리함.

issues analysis

본 사례는 최근 전 세계적으로 나타나고 있는 불황기에 소비자들에게 어떠한 변화가 나타나는 지를 잘 설명해 주는 사례라 할 수 있다. 흔히 생각하기로 불황기에는 소비자들이 씀씀이를 아끼기 때문에 무조건 가격이 싼 제품들이 인기가 있을 것이라고 생각한다. 하지만 위 사례를 보면 불황기에도 가치 있는 상품에 대해서는 지갑을 닫지 않는 소비자들이 많음을 알 수 있다. 위 사례는 비단 일본만의 이야기는 아니고, 우리나라를 포함한 전 세계적인 트렌드라 할 수 있다. 최근 국내 백화점에서 small luxury제품(시계, 만년필 등)의 판매가 호조인 것도 이와 같은 맥락이라 할 수 있다. 불황기에 값비싼 외제차를 구입하기는 어려워도 소소한 만족을 주는 작은 명품은 여전히 고객들의 사랑을 받을 수 있다.

case 1-2

쇼핑의 장소가 아닌 체험의 장소 Mall of America

미국 Minnesota의 Bloomington은 80년대 후반과 90년대 초 미국인들의 소비심리가 위축되고, 미국의 양대 프로 스포츠인 프로야구와 미식축구의 Minnesota Twins, Minnesota Vikings가 홈구장을 Minneapolis의 다운타운으로 이전하면서 지역 경제의 침체가 우려되었다. 개발업자들은 프로구단으로부터 기증된 부지를 개발하는데 있어 신중하게 시장을 검토하고 향후 변화 및 지역 경제를 동시에 활성화시킬 수 있는 방안으로 대형 Entertainment기능의 쇼핑 몰을 기획하였으나 지역 언론 및 시민들은 이 계획안에 대하여 부정적인 시각을 가지고 있었다.

그러나 쇼핑센터 개발업자인 Melvin Simon&Associates은 미국 소비자들의 소비위축에도 불구하고 Minnesota는 비교적 건실한 소비시장을 형성하고 있었다는 점에 주목하였으며, 경기침체로 인해 쇼핑센터들이 다운타운으로 이전을 하는 회의적 분위기 가운데 새로운 개념의 쇼핑 몰을 도입함으로써 지역 경제에 시너지 효과를 줄 수 있으리라 생각했다. 단순히 물품과 서비스를 교환하는 장소 개념이 아닌, 만남의 장소, 색다른 체험을 제공하는 장소, 즐거움을 제공하는 장소, 쾌적하고 안락한 분위기를 지닌 장소 개념의 쇼핑몰을 구상하였다.

그리고 미국인만을 목표로 하지 않고 지역의 잘 발달된 인프라를 이용하여 외국인 관광객을 유치할 수 있는 프로그램을 개발하였다. 지역 고객의 독특한 욕구와 전 세계 고객의 욕구를 결합시킨 복합 엔터테인먼트 쇼핑몰을 계획하였다. 특히, 방문객의 유형을 다양화하여 여러 계층이 방문할 수 있는 Community기능도 강화시키고자 하였다.

이렇게 하여 탄생한 것이 Mall of America이다. Mall of America는 공간 프로그램을 계획하면서 공간별 체험 프로그램과 공간별 환경의 다양화를 꾀하였으며, 방문객의 편의를 도모하였고, 주변의 제반 시설(호텔, 모텔, 레크레이션 공간)이 잘 갖추어 방문객을 획기적으로 증대 시켰다. 이로 인해 지역의 제1산업이 환대Hospitality산업으로 탈바꿈하였다.

Minnesota가 지리적 위치로 인한 기후적 특색으로 4계절형 레크레이션 활동이 옥외에서는 다소 어렵지만 Mall of America는 이를 실내공간에 모두 유치함으로써 Minnesota가 가지고 있던 환경적 제약을 극복할 수 있었고, 쾌적한 환경에서 계절에 상관없이 쇼핑과 엔터테인먼트를 동시에 즐길 수 있게 되었다.

Mall of America

issues analysis

위 내용은 최근 소비자 선택과정의 변화 트렌드 중 하나인 체험적 쇼핑에 대한 사례이다. 사례에 나타난 Mall of America는 단순한 쇼핑보다는 색다른 체험과 다양한 엔터테인먼트를 복합적으로 추구하는 지역주민의 욕구를 발견하였고, 이를 충실히 이행함으로써 성공한 사례라 할 수 있다. 이처럼 최근 소비자들은 양질의 상품을 저렴하게 구매하려는 실용적인 쇼핑 차원을 넘어서 쇼핑 과정을 통해 즐거움fun과 정보습득, 시간보내기 등 다양한 쾌락적 쇼핑을 추구하고 있다. 따라서 유통업체는 이러한 소비자들의 욕구에 맞게 점포 내에서 다양하고, 독특한 경험을 할 수 있도록 유도해야 한다. 소매 점포는 일종의 무대라 할 수 있고, 그 무대에서 소비자들을 위해 공연을 한다는 자세를 가져야 한다.

case 1-3

Sears의 인종마케팅

다문화 마케팅을 담당하고 있는 간부진에게 마케팅을 가장 성공적으로 수행하고 있는 소매업체의 이름을 말해 보라고 하면 아마도 대부분 Sears라고 대답할 것이다. 최고위층에서 시간제 종업원에 이르기까지 다양성은 Sears 기업문화의 일부분이 되어 있다. 850개 점포 중 200개는 다인종을 상대로 하고 있다. Sears의 목표는 어느 한 인종이라도 놓치지 않는 것이다. 심지어는 특정 인종 지역에도 작은 가게를 열어 작은 표적 시장도 선점하고 있다.

Sears는 1980년대 후반에 라틴계 사람들을 표적시장으로 삼기 시작하였고, 그 계획은 세월이 흐름에 따라 매우 강력한 수단으로 발전하였다. Sears 체인점은 일 년 내내 스페인어 채널에 광고를 하는 동시에 두 가지의 매우 날카로운 접근을 하고 있다. 첫 번째 접근은 전궁에 있는 라틴계 사람들이 다 알아들을 수 있는 표준 스페인어를 사용하는 것이다. 그리고 두 번째 접근은 특정 집단에 따라 사투리를 사용하는 것이다. 예를 들어, Los Angeles에서는 멕시코식 사투리를 채택하고 있고, 동해안 쪽에서는 캐리브해 쪽의 사투리를 사용하고 있다.

Sears는 스페인어 잡지인 Nuestra Gente를 발간하기도 하는데, 800,000부의 발행실적을 올리기도 하였다. Nuestra Gente는 평균 70페이지 정도 되고, 최고 판매시기인 부활절, 아버지날, 개학일, 그리고 겨울 방학에 맞추어 1년에 4번 발행된다.

Nuestra Gente는 Sears를 광고할 뿐만 아니라, Sears의 공급업체인 Procter&Gamble, Ford, Toyota도 함께 광고하고 있다. 광고뿐만 아니라 건강과 개인 금융에서부터 육아와 연예에 이르기까지 다양한 내용의 글들이 라틴계문화에 초점을 맞추어 소개되고 있다.

또한 Sears는 공동체 행사를 적극적으로 후원하고 있다. 후원하고 있는 공동체 행사에는 매년 Miami로 150만 내지 200만 명의 사람들을 불러들이는 Callo Ocho 축제와 Chicago의 the Fiesta del Sol 축제, 뉴욕시의 116번가 축제 그리고 푸에르토리코 공화국의 독립기념일 축제가 있다. Sears는 축제에 참여하고 전국에 퍼져 있는 점포들을 둘러보기 위해 특별히 제작된 Fiesta Mobile(축제용 차량)도 두고 있다.

Sears는 라틴계뿐만 아니라 아프리카계 미국인도 표적시장으로 삼았다. 아프리카계 미국인 시장에서는 흑인식 언어Softer Side tag line를 사용하고, 타 점포와는 다른 색깔로 장식하며 차별화된 상품을 취급한다. Sears는 또한 전국 도시연합회National Urban League에서 개최하는 청소년 프로그램에 상당한 후원을 한다.

아시아계 미국인들은 그 안에서도 많이 나누어져 있기 때문에 Sears에게는 약간 도전적인 시장이다. 예를 들어, 중국과 베트남인들은 상품 가치를 중시하고 다른 인종 그룹보다 의리심이 강한 편이다. 한편 한국인은 고가의 브랜드를 선호하기 때문에 Sears에게 큰 어려움을 준다. 그래도 Sears는 아시아계 미국인 공동체 행사에 많은 지원을 하는 회사이다. 최근에는 중추절 축제를 축하하는 California 점포 진흥행사를 실시하였고, San Francisco에서는 음력 설 퍼레이드를 지원하였다.

다양성을 강화하고 진정으로 효과적인 다문화 마케팅을 실행해야 하는 시점이 오면 Sears가 나서게 되는 것이다. Sears만이 해낼 수 있기 때문이다.

Sears

issues analysis

본 사례는 앞서 학습한 소비자의 특성 중 인종과 관련하여 인종마케팅을 매우 잘 하고 있는 Sears의 사례를 제시한 것이다. Sears는 매장을 방문하는 고객들의 인종이 매우 다양하다는 점에 주목하고, 각각의 인종별로 가지고 있는 다양한 소비자욕구에 최대한 부응하고자 노력하고 있다. 우리나라의 경우를 살펴보면 전통적인 단일민족국가이기 때문에 인종마케팅에 대해 생소할 수 있다. 하지만 최근 우리나라도 외국인 거주자들이 늘면서 외국인들에 대한 차별적인 마케팅에 관심을 가져야할 시기가 되었다. 뿐만 아니라 수도권, 충청권, 영남권, 호남권 등의 소비자들은 무시할 수 없는 소비성향의 차이를 보이고 있기 때문에 지역별 차별적인 마케팅을 수행하는 노력도 병행하여야 할 것이다.

case 1–4

베이비 붐 세대의 향수를 불러 일으켜 성공한 Restoration Hardware

1976년 Stephen Gordon은 26세의 나이로 골동품을 수집하기 위해 철물점과 골동품 가게를 찾아 다녔다. 그 당시에는 손잡이 골동품이나 구식 전등, 가정용 장식품 등을 파는 곳이 드물었다. Gordon은 결국 그 이듬해 독특한 실내 장식을 전문으로 하는 가게를 California Eureka에 열게 되었다.

이제 그의 꿈은 더 이상 손잡이들로만 진열된 작은 점포가 아니었다. 미국과 캐나다 British Columbia에 걸쳐 65개의 점포를 갖게 되었고, 4백만의 발행부수를 자랑하는 카탈로그를 내놓기에 이른 것이다. 1998년 Restoration Hardware는 2억 달러의 매출을 올리면서 고수익 가정 장식 체인점들의 무서운 경쟁업체로 성장하였다. Restoration hardware와 동급인 체인점들에는 Pier 1 Imports, Cost Plus, Crate&Barrel, Williams-Sonama 소유의 Pottery Bran 등이 있다.

Restoration Hardware는 옛날 골동품의 매력과 현대적인 감각, 베이비 붐 세대에게 향수를 불러일으키는 요소 등을 모두 합하여 가정 가구, 문 손잡이 욕조 용품 등의 상품을 제공하고 있다. 아울러 과거의 놀이 기구였던 태엽 로봇도 함께 진열하고 있다. 그러나 상품의 초점은 여전히 일상가구에 맞추어져 있다.

Restoration Hardware 매장에 들어서면 회사의 성장 배경을 쉽게 알 수 있다. 소비자는 짙은 갈색의 가죽 의자를 1,395달러에 사거나 다리가 흔들리는 전기스탠드를 255달러에 살 수 있다. 그러나 대부분의 상품은 옛 시대의 복고풍이 아닌 현대적인 상품이다.

고객은 베이비 붐 세대다. 경영전략 또한 그들을 표적으로 하고 있다. Restoration hardware의 구매전략은 고객이 원하는 것을 찾는 것이다. 이들은 시장 조사를 하지 않는다. 대신에 스스로 사고 싶어 하는 상품들을 구매하여 진열해 놓는다.

Restoration Hardware의 상품 개발팀은 베이비 붐 세대의 관심을 끌

수 있는 독특한 상품을 찾아야 한다. 유일무이한 상품을 찾는 것은 이들에게 많은 시간과 노력을 필요로 한다. 한편, 이들은 시장 조사를 하지 않고 직감으로 물건을 사기 때문에 때로는 부엌 식탁을 사오기도 하고 때로는 욕실 세제를 사오기도 한다. 그만큼 다양한 상품을 판매하게 되는 것이다.

Restoration Hardware

issues analysis

위 사례는 끊임없이 변화하는 소비자들의 욕구를 소매업체가 따라가지 않고, 고객에게서 변하지 않는 것을 찾아내서 공략, 성공한 사례이다. 본 사례에서 Restoration Hardware는 옛날 골동품의 매력을 현대적인 감각으로 승화시켜, 베이비 붐 세대에게 향수를 불러일으키는데 성공하였다. 이러한 트렌드는 국내에서도 자주 나타나는데, 흔히 말하는 복고풍 유행도 이에 속한다. '옛날 손짜장', '옛날 촌국수' 등과 음식점들, 최근에 유행했던 원더걸스의 'Tell me', 'Nobody'도 이와 같은 맥락이라 할 수 있다. 이처럼 소비자의 변화 트렌드는 따라가는 것도 필요하지만 경우에 따라서는 거슬러 올라가는 것도 필요하다고 할 수 있다. 물론 이 또한 소비자의 욕구이기 때문이다.

제2장

쇼핑 라이프스타일 관련 사례

2 _ 쇼핑 라이프스타일 관련 사례

case 2-1

라이프 스타일도 웰빙

라이프스타일Lifestyle이란 사회 전체 또는 사회 한 부분의 구성원들이 공통적으로 갖고 있는 타인과 구별되는 특징적인 생활양식을 의미한다. 라이프스타일은 AIO 즉, 행동특성Activity, 주된 관심사Interest, 그리고 사회 전반사에 대한 의견Opinion의 세 차원으로 파악될 수 있다. 개인의 라이프 스타일은 성장환경, 현재 처한 상황 및 타고난 성격 등에 따라 차이가 나기 때문에 한국인의 라이프스타일 특성을 한마디로 정의하기는 어렵다.

요즘처럼 모든 것이 너무 빨리 변화하는 세상 속에서는 변화를 수용하는 태도가 개인마다 달라서 라이프스타일은 그 어느 때보다도 복잡 다양해지고 있다.

통계청이 발표한 '2003년 한국의 사회지표' 조사에서 건강에 대한 관심은 1998년 36.7%에서 2002년 44.9%로 증가한 반면, 경제 문제는 1998년 30.5%에서 2002년 24.5%로 감소하였다고 한다. 또한 대홍 기획에서 발표한 "Changing Korea"에서도 지난 10년간 우리 사회의 가치관의 변화를 효율지향화Efficiency, 안전지향화Safety-Seeking, 편의주의화Convenience, 외현중시경향Appearance, 개체화Personalization, 경험지향화Experience의 6가지로 요약하고 있다. 이러한 소비자 가치관의 변화는 전체 의식주 전반으로 확장되어 웰빙 트렌드 현상과 함께 하나의 문화로 자리 잡아 라이프스타일에 영향을 미치고 있다.

제일기획에서는 13세 이상 44세 이하 남녀 600명을 대상으로 전화 및 1대1면접 조사를 실시하여 '2004년 웰빙. 이 시대의 신라이프스타일'이란 보고서를 발표하였다. 최근 불고 있는 웰빙 바람도 세대별로 돌봄Care, 개성Color, 실속Core, 전환Conversion 등의 4Cs 특성을 제시하였다. 1318세대의 웰빙 성격은 '돌봄Care'이 강하게 나타나는데, 본인 스스로 실천하기 보다는 부모의 강요에 의해 웰빙을 실천하고 있다고 하였다. 1924세대는 자기만의 만족을 찾는 웰빙세대로 경제적인 여유는 없으나 내 맘대로 떠날 수 있고 내 맘대로 즐길 수 있는 웰빙족으로 특히 온라인 네트워크를 통해 주위에 '웰빙 바이러스'를 퍼뜨리는 '뉴 트렌드 전도자' 라고 지적하였다. 2534세대의 웰빙 특성은 '실속Core'으로 직장생활을 하는 이들은 1924세대보다는 경제력이 뒷받침되는 세대로, 고된 직장 생활 중에도 자신을 아끼고 자신에게 투자하는 방법에 대해 고민하는 프로페셔널 웰빙족이라고 보고서는 분석하고 있다. 3544세대의 웰빙성격은 잃어버린 나를 찾는

구도求道의 웰빙으로, '전환Conversion' 성격이 뚜렷이 나타난다고 하였다. 웰빙을 숨가쁜 디지털 사회의 휴식처로 받아들이고 있는 이들은 미래 가치보다는 과거 여유로움을 그리워하고 있다고 보고서는 설명하고 있다.

요즘 신문이나 잡지의 지면에 등장하는 웰빙 라이프스타일을 한마디로 요약하자면, '스스로에 대한 철저한 봉사'라고 할 수 있다. 즉 육체적이나 정신적 건강을 통해 스스로의 가치를 존중하고 그 가치를 높이기 위해서 끊임없이 노력하며 그 과정을 통해서 만족을 느끼는 사람들, 행복한 삶을 추구하는 삶의 유형이나 문화를 통틀어 일컫는 것이 웰빙 라이프스타일이다.

▌자료원 : 자료원: 장승희 외(2006), "여성 소비자 유형별 웰빙 마케팅 전략에 관한 연구 –웰빙 라이프스타일을 중심으로–", Journal of the Korean society of costume, 56(3), 28–41. 의 내용을 발췌하여 정리함.

issues analysis

본 사례는 한국인의 행위, 관심, 의견을 포괄하는 라이프스타일을 최근 트렌드인 웰빙트렌드와 접목시킨 사례이다. 본 사례에서 웰빙 라이프스타일은 1318, 1924, 2534, 3544세대에 따라 다소 다르게 나타나고 있긴 하지만 육체적, 정신적 건강을 통해 스스로의 가치를 존중하고 그 가치를 높이기 위해서 노력하는 삶 자체를 웰빙 라이프스타일이라 할 수 있다. 유통업체들은 소비자들의 이러한 웰빙 라이프스타일에 맞추어서 머천다이징을 기획하고, 그에 맞는 다양한 촉진활동을 수행하는데 관심을 가져야 할 것이다

case 2-2

불황기 한국인 소비성향 3S, 불황기 마케팅전략 IDEA

3S

불황기에는 고객의 성향도 달라진다. 따라서 기업들이 불황을 극복하기 위해서는 달라진 고객을 잘 이해하고 맞춤형 마케팅을 펼치는 것이 중요하다. 외환위기를 겪었던 1998년부터 매년 '한국인의 라이프스타일' 설문조사를 실시해온 제일기획은 최근 설문결과를 바탕으로 불황기 한국인 소비성향을 분석했다. 분석결과에 따르면 불황기 한국인의 소비성향은 '3S'라는 키워드로 요약된다.

첫째는 자극적 미니스커트나 강렬한 색상의 색조 화장품, 매운맛 음식 등을 통해 소비하고 있는 자신의 모습을 확실하게 자각하고 싶어하는 욕구Sensual · 육감다. 둘째는 돈에 대한 부담감이 늘어나 상품의 물리적 가치와 함께 감성적 혜택까지 민감하게 고려하는 성향Sensitive · 민감이다. 마지막은 'Sensible'교감로, 불황시에는 소비자들이 정보에 더 목말라 한다는 얘기다.

IDEA

Integrate 가치를 합쳐라 – 불황기 소비자들은 비용에 대한 부담이 커져 예전보다 더 많은 가치를 기대한다. 최근 엔씨소프트와 동서식품은 제휴를 통해 동서식품의 맥스웰하우스를 구매한 고객에게 리니지2의 게임 아이템을 제공했다. 게이머가 보통 밤늦게까지 게임에 몰두한다는 사실에 착안한 것. 그 결과 동서식품은 작년 12월 서비스 시작 이후 한 달도 안돼 1,000만캔의 판매고를 올렸다.

Divide시장을 나눠라 – 불황기라 해도 시장을 잘게 쪼개 보면 소비자들이 쓸만한 곳에는 쓴다는 사실을 알 수 있다. 10여 년 전 외환위기 당시 남양유업은 오히려 예전보다 1.5배 비싼 분유 '임페리얼 드림'을 내놨다. 아이에게 만큼은 고품질 분유를 주고 싶었던 엄마의 마음을 읽은 것. 그 결과 99년 임페리얼 드림은 전년대비 40%의 매출 성장을 기록했다.

Explode개념을 부숴라 – 제품의 개념을 파괴하면 새로운 씀씀이를 창조할 수 있다. 1999년부터 2005년까지 초콜릿 소비는 꾸준히 줄어들다가 2006년 갑자기 큰 폭으로 성장한다. 이는 2006년 카카오 초콜릿이 나오면서 초콜릿에 대한 개념을 '살찌고 몸에 해로운 음식'에서 '피부노화를 막고 다이어트에 도움이 되는 웰빙음식'으로 바꿨기 때문이다.

Announce알려라 – 올해 대부분의 자동차업체가 광고를 줄이는 상황에서 현대자동차는 미국시장 광고를 크게 확대했다. 작년에는 총 2편의 광고를 실시했으나, 올해엔 가장 비싼 슈퍼볼 광고를 포함해 총 5편의 광고를 집행한 것. 그 내용은 구매자가 실직하면 차를 되사주겠다는 보증 프로그램으로, 실직 공포에 떨고 있는 미국 소비자를 정면으로 공략했다. 그 결과 2009년 현대차 판매량은 전년 동기대비 14% 증가했다.

▌자료원 : R&D 투자는 크기아닌 효율성!... 고객섬기고 미래를 봐라, 한국일보 2009년 5월 4일자 10면.

issues analysis

위 내용은 최근 불황기에 있는 한국인의 소비성향과 이에 대응하는 유통업체의 마케팅전략 키워드를 소개하고 있다. 특히, 3S인 Sensual육감, Sensitive민감, Sensible교감은 불황기의 소비자 가치관 변화 트렌드를 잘 보여주고 있다. 유통업체는 이러한 소비자의 변화에 주목하여 더 많은 가치를 제공하고자 노력해야 하고, 시장세분화를 통해 새로운 시장기회를 포착해야 하며, 기존의 고정관념과는 다른 소비자의 욕구를 발견해야 하고, 유통업체를 알리는데 더 많은 노력을 해야 할 것이다.

case 2-3

2529세대의 라이프스타일

2529세대는 사회진출을 앞둔 대학졸업반이나 사회초년생으로 구성된 25세부터 29세 사이남녀를 총칭하는 말로 전체인구의 7.8%를 차지하고 있다. 이들은 취업에 대한 불안을 안고 사회의 구성원으로 새로운 시작을 준비하고 있으며, 경제적 풍요와 경제위기를 함께 경험하며, 개인주의, 소비지향적 가치관과 동시에 철저한 경제관념 또한 지니고 있다.

가치 있는 것에 대한 소비를 아끼지 않는 2529세대는 소비트렌드를 주도하여 각종 마케팅/광고의 주요 표적이 된다. 이들은 개인의 소득이 발생하면서 기존의 의존적 소비에서 벗어나 금전적 풍요로움을 영위하고 있으며, 아직 가계경제에 대한 부담이 적은 상태이다. 때문에 문화와 외식 부분의 소비율이 가장 높다. 특히, 영화, 공연, 교육, 뷰티, 패션 등에 대해 높은 소비성향을 가지고 있다.

2529세대의 관심사는 사회초년생과 사회진출을 앞둔 남성의 경우 취직에 높은 관심을 보인 반면 여성은 외모에 대한 관심이 높다. 주로 이용하는 대중매체는 TV 〉 인터넷 〉 케이블TV순이며, 휴대폰, 컴퓨터 등 디지털 제품광고에 대한 관심도가 높다. 남성은 자동차 광고에, 여성은 화장품, 의류, 외식 등의 광고에 상대적인 관심도가 높다.

2529세대의 "돈=성공"이라는 물질주의적 가치관을 가지고 있으며, 외모는 나의 경쟁력이라는 인식이 강하게 나타난다. 이들은 청년실업을 겪으며 자라났기에 직장선택 시 월급 뿐 아니라 안정성에 대한 선호도가 높고, 심리적으로 진취적 트렌드 선도형과 이성적 보통 가장형 라이프스타일을 선호하고 있다.

2529세대의 소비생활을 살펴보면 이들은 소비를 즐거움으로 인식한다. 때문에 2529세대 여성의 개인소비지출은 전체 여성 중 가장 많은 것으로 나타났다. 특히, 이들은 제품 구매전에 적극적인 정보탐색과정을 거치는데, 제품 구입을 위해 여러 상점을 둘러보는 성향이 다른 연령대에 비해 강하며, 꼼꼼한 비교 후 제품을 구매하는 능동적인 소비자의 모습도 보이고 있다. 이들에게 광고는 참고수단이지 무작정 구매하게 하는 수단이 되지 못한다. 한편 2529세대는 문화생활과 먹거리를 중요시하는 소비특징도 가지고 있다.

2529세대의 중요한 특징으로 인터넷을 빼놓을 수 없는데, 이들은 주로 정보검색, 게임, 개인미디어, 인터넷쇼핑을 위해 인터넷을 이용한다. 이들의 인터넷 활용도는 타 연령층에 비해 매우 높으며, 포털과 쇼핑사이트가 인기 있다. 남성의 경우 네이버 〉 네이트 〉 다음 순이고, 여성은 네이버 〉 다음 〉 네이트 순으로 높은 방문률을 보인다. 이들이 주로 방문하는 사이트에 옥션과 G마켓이 있는 것은 이들이 인터넷쇼핑을 즐기고 있다는 사실도 알려준다.

▌자료원 : DMC Media(2007), "사회를 향한 첫걸음 Social Child" 내용의 일부를 발췌하여 정리함.

issues analysis

본 사례는 앞서 2529세대에 대한 라이프스타일을 보여주고 있다. 2529세대는 기성세대와 학생 사이의 중간에 위치한 만큼 매우 다양한 라이프스타일을 가지고 있기 때문에 유통업체 입장에서는 표적시장으로 공략하기가 쉽지 않지만 다른 한편 구매력과 잠재력이 매우 높기 때문에 반드시 공략하지 않으면 안되는 상황이다. 유통업체는 이러한 2529세대를 공략하기 위해 그들의 관심사, 선호하는 상품, 주로 보는 매체 등 다양한 소비자 정보를 파악하여야 하며, 그에 맞는 유통차별화 전략도 병행하여야 한다.

한편, 이처럼 라이프스타일은 연령, 성별, 종교, 직업, 소득수준 등 다양한 특성에 따라 다르게 나타날 수 있기 때문에 라이프스타일을 이용한 유통전략을 수행할 때 주의하여야 한다.

case 2-4

인터넷 쇼핑몰 업체의 e-Lifestyle의 측정 문항

❶ 나는 인터넷 쇼핑몰을 북마크 시켜 놓고 있다.
❷ 인터넷 쇼핑몰을 통해 물건을 구입할 의향이 있다.
❸ 인터넷 쇼핑몰은 믿음이 가지 않는다.
❹ 전자 상거래는 활성화 될 것이라 생각한다.
❺ 인터넷 쇼핑몰보다는 시장에서 물건을 구입한다.
❻ 인터넷에서 판매하는 제품은 품질이 좋지 않은 것이다.
❼ 인터넷에서 판매하는 제품은 믿을 수 있다.
❽ 인터넷에서 판매하는 제품은 시중가격보다 저렴하다.
❾ 인터넷에서는 내가 원하는 제품을 찾는 것이 흥미롭다.
❿ 물리적인 제품보다는 정보를 구매하는 것이 유리하다.
⓫ 신제품에 대한 정보를 인터넷을 통해 찾는 편이다.
⓬ 정보나 아이디어를 인터넷을 통해 팔고 싶다.
⓭ 주로 전문 쇼핑몰에서 제품을 구매하기를 좋아한다.
⓮ 인터넷에서는 제품정보만 얻고 실제구매는 시장에서 하는 편이다.
⓯ 시장에서 구하지 못하는 물건도 인터넷에서는 구할 수 있다.
⓰ 유명 쇼핑몰이 아니면 구매하지 않는다.
⓱ 인터넷 쇼핑은 쇼핑과정을 피드백하는 것이 좋다.
⓲ 전자상거래의 보안을 믿는다.

⑲ 전자상거래로 인해 전통적인 시장이 사라질 것이다.

⑳ 제품 구입전 쇼핑몰에서 가격을 알아보는 것이 좋다.

▮ 자료원 : 오세조 외(2009), 소비자지향적 유통관리, 박영사, pp.467-469.

issues analysis

위 사례는 인터넷 쇼핑몰 업체에서 소비자의 라이프스타일을 측정하고자 할 때 사용할 수 있는 측정문항의 예이다. 최근 인터넷 쇼핑몰이 급성장하면서, 소비자들은 과거에 없었던 e-Lifestyle을 형성하게 되었다. 인터넷 쇼핑몰 업체도 오프라인 쇼핑몰 업체도 이제 이러한 소비자들의 e-Lifestyle에 관심을 가지고, 그에 맞는 유통전략을 수행하여야 할 것이다.

제3장

소매기술 관련 사례

3 _ 소매기술 관련 사례

case 3-1

테스코 클럽카드: 당신의 취향, 테스코는 알고 있다

테스코는 영국 1위 소매업체이다. 테스코의 성공 비결을 언급하면서 빠지지 않고 등장하는 것이 바로 클럽카드다. 테스코는 회원 데이터를 DM 발송에만 활용하지 않는다. 상품구색, 프로모션 전개, 레이아웃 결정 등 매장 내 거의 대부분 업무에 회원 데이터를 반영하고 있다.

내점객 기호 고려해 점포별 상품 재배치

과거 테스코는 본부 주도로 상품구색과 진열 위치를 결정했다. 그러나 지금은 각 점포별 내점객 기호에 맞춰 일정 부분을 수정할 수 있도록 했다. 즉 고객이 취향과 기호를 구매 데이터를 통해 이해할 수 있게 되면서 점별 내점객 기호에 맞춰 진열량 및 구색에 변화를 줄 수 있게 되었다.

예를 들어 영국 내에서도 고급 주택지로 손꼽히는 에머샴이라는 런던 북동쪽 주택가에 위치한 테스코 점포에서는, 클럽 카드를 통한 고객들의 기호를 파악하여 와인이나 치즈는 고가품 위주로 전개하고, 샴페인 구색도 다른 점포와 비교해 확대 진열했다. 그러나 샴푸나 화장지 등은 저가격, 대용량 PB[Private Brand]를 중심으로 운영하고 있다. 이 같은 상품구색은 에머샴점 내점객 기호에 맞춰 테스코의 기본 구색을 수정한 것이다. 상당수 고객들이 값비싼 와인이나 치즈를 선호하지만, 샴푸나 화장지 등은 기본 기능에 충실한 제품을 더 좋아한다며, 부자일수록 절약한다는 논리로 설명된다.

한편 서민들이 많이 사는 지역 내 점포에는 NB[Natioanl brand]의 비중이 높다. 이것 역시 해당 점포의 내점객이 NB 제품을 선호한다는 분석에 근거한 것이다.

행사 수, 디스카운트 방법 압축

클럽카드 도입 이후 판촉 방법에도 변화가 있었다. 과거 테스코 매장에서는 판촉행사가 연일 끊이지 않았다. 빈번한 판촉행사로 점포 업무량은 과도하게 늘었고, 발주 착오에서 오는 결품도 속출했다. 이 같은 악순환의 고리를 끊기 위해서 효과적인 판촉행사를 해야 한다는데 의견이 모아졌다.

클럽카드 데이터를 분석해보자 상당수의 판촉행사가 고객들로부터 외면받고 있었다. 고객 니즈와 상관없이 테스코가 팔고 싶은 상품(예를 들어 제조업체로부터 좋은 조건에 납품받은 상품)이 판촉행사 리스트에 올라가기 때문이다. 더군다나 이 같은 판촉행사가 오히려 경영 실적에는 마이너스를 초래했다.

테스코는 우선 고객 니즈에 맞지 않는 판촉을 중지했다. 단지 싸다는 이유만으로 팔렸던 상품, 테스코의 고정 고객은 거의 구입하지 않는 상품이 중지 대상이 되었다. 데이터 분석 결과를 토대로 대상 품목을 결정했고, 그 결과에 대해 고객 인터뷰도 실시했다.

그 결과 과거 체인 전체에서 일주일에 1,300회 정도 개최되던 판촉행사가 이 같은 작업을 거친 후 300회로 줄어들었다. 그 결과 결품 감소, 인건비 삭감, 행사 성공률 향상, 점포 평가 개선 등의 효과가 나타났다. 특히 점포 인건비가 큰 폭으로 삭감되었다.

판촉행사 수를 줄이는 과정에서 판촉 방법도 재정립되었다. 데이터를 토대로 디스카운트 방법에도 변화를 꾀해 최종적으로 BOGOFBuy One Get One Free라고 불리는 '1개 사면 1개 무료' 등의 네 가지 디스카운트 방법만 실시하기로 했다.

그 결과, 판촉비용을 보다 효과적으로 사용할 수 있게 되었으며 고객들의 만족도도 향상되었다.

상품 변경 없이 내점객 '기호'에 맞는 매장 구축

런던에 있는 고급주택가인 케싱턴의 테스코 슈퍼스토어의 고객들은 평균적인 테스코 고객들보다 와인, 치즈, 선어, 즉석식품을 선호하는 경향이 두드러졌다. 이에 따라 점두 야채/청과 매장 옆에 이 지역 고객들이 선호하는 매장을 집결시켰다. 치즈와 신선 생선 대면 카운터를 설치했고, 와인 매대도 전진 배치했다. 즉석식품도 내점객이 좋아하는 상품만을 엄선, 야채/청과 매장 옆에 설치했다. 가장 눈에 잘 띄는 장소에 고객이 원하는 상품만 모아 맞춤형 매장을 만든 것이다.

놀라운 것은 이 점포가 취급하는 아이템이 다른 테스코 매장과 다르지 않다는 것이다. 취급 아이템의 조정 없이 상권에 맞는 매장 구성이 가능했으며, 이것은 효율적인 물류 시스템이 있어 가능한 일이다. 상품 구색을 상권 기호에 맞춰 가다보면 이것저것 다양한 상품을 취급해야 하지만 테스코의 경우 점별 대응과 물류 효율화를 모순 없이 양립할 수 있다.

PB 상품

테스코는 초기부터 PB상품 개발에 힘을 쏟은 업체다. 그러나 클럽카드 도입 이후 보다 성공적인 PB 개발이 가능해졌다. 데이터 분석을 통해 고객이 선호하는 상품 특성을 보다 정확하게 알 수 있게 되었기 때문이다. 이 때문에 PB상품 개발시 어떤 소구점을 가진 상품을 개발하면 좋을지도 정확하게 파악할 수 있게 되었다.

▮ 자료원 : 체인스토어에이지, 2007년 9월호.

issues analysis

영국 유통업체인 테스코는 클럽 카드를 활용하여 고객 정보 분석은 물론 매장 운영에도 활용하고 있다. 이는 유통기술을 이용하여 유통정보시스템을 구축하고 활용하는 것이 얼마나 중요한지를 보여주는 좋은 사례라 할 수 있다. 마케팅은 점점 더 과학으로 발전하고 있고, 신뢰도가 높은 데이터베이스를 풍부하게 구축하는 작업에서 우위를 차지하는 기업이 높은 경쟁력을 얻게 될 것이다.

case 3-2

고객에 대해 잘 아는 Harry Rosen

19개 점포에서 남성의류 소매를 하는 연매출 1억 3,500만 달러의 캐나다 기업인 Harry Rosen은 고객서비스를 향상시키고 고객과 장기적인 관계를 유지하기 위해 고객정보를 사용한다. Harry Rosen의 각 판매원들은 매장에 비치된 POS 터미널에서부터 고객정보가 있는 회사의 데이터웨어하우스에 접속할 수 있다. 데이터베이스는 고객이 과거에 무엇을 구입했는지 말해주고, 개인 정보까지 제공해 준다. 모든 판매직원들은 이런 자료를 수집하도록 노력해야 한다. 아내가 남편을 위해 생일 선물을 구입한다면 판매원은 이 남편의 생일과 나이를 알기 위해 노력하며, 이 자료를 직원 자신들 개인 노트가 아닌 시스템에 입력시킨다.

Harry Rosen의 정보시스템은 고객서비스와 소매 판촉의 목표를 개선시킨다. 예를 들어, 의류가 수선을 위해 점포에 남겨질 때, 이 시스템이 수선과정을 추적하여, 어떤 지연이 있게 되면 자동적으로 판매원에게 알려주고, 이 판매원은 이 정보를 고객에게 다시 전달한다. 제품을 애용하는 고객들은 쉽게 확인이 되며 특별 판촉 이벤트에 초청된다. 이 시스템은 매출이 더딘 제품을 판매하는데도 사용된다. 예를 들어, 하나의 점포에서 사이즈가 44인 옷을 너무 많이 가지고 있다고 하자. 판매원은 터미널에 가서 과거에 사이즈가 44인 옷을 구입한 적이 있는 고객리스트를 작성하여 이들에게 지금 구입하면 할인해 준다고 제안한다. 새로운 제품이 도착할 때 판매원은 과거에 같은 형태의 제품을 구입한 적이 있는 고객을 확인하여 이들에게 새로 들어온 제품에 대해 알려 준다.

issues analysis

본 사례는 유통기술을 통해 수집한 고객 정보들을 어떻게 활용하는지 보여주는 좋은 예이다. 사례에 등장하는 Harry Rosen은 직원들이 고객의 정보를 수집하기 위해서 얼마나 많은 노력을 하고 있고, 이렇게 수집된 고객정보가 얼마나 체계적으로 데이터베이스화되는지 잘 보여주고 있다. Harry Rosen은 이렇게 해서 구축한 강력한 데이터베이스를 토대로 다른 소매업체에서 하기 힘든 고객 서비스를 하고 있으며, 부진제품의 판매 전략에도 유용하게 활용하고 있다. 최근 우리나라 유통업체들도 고객의 정보를 파악하기 위해 많은 노력을 하고는 있지만 대부분이 연령, 성별, 구매품목, 구매빈도 등과 같은 규격화된 정보들이라 할 수 있다. 향후 고객들의 의견, 불평 등에 대한 데이터베이스를 구축하는데 더 많은 노력이 필요하다.

case 3-3

Future Store가 현실로

(주)신세계아이앤씨는 지난 6월 5일 이마트 수서점 '퓨처 스토어Future Store'에서 무선식별시스템RFID, Radio-Frequency Identification기술을 적용한 '수입 쇠고기 유통경로추적시스템'을 선보였다. 농림수산식품부, 삼성SDS, CJ시스템즈 등 RFID 관계자들이 참여한 가운데 진행된 이번 시연은 오는 6월 22일부터 시행되는 유통판매단계의 쇠고기이력추적제도를 보완 · 완성시키기 위한 신기술 제안이라는 데 더욱 의의가 있다. 퓨처스토어는 RFID기술을 통해 정부가 2010년까지 실현코자 하는 '유통판매단계에서의 위해 및 회수대상 차단조치'를 시스템적으로 구현해냈다.

이마트는 6월 8일부터 신세계 아이앤씨가 구축한 한우 · 수입쇠고기 이력추적시스템을 전체 매장에서 본격 가동했다. 여기에다 올해 하반기부터 RFID 기술을 적용해 유통경로추적시스템을 구축하고 정부의 쇠고기 이력추적 시스템www.mtrace.go.kr과 연동할 계획이다.

이마트는 지난 4월부터 성수점에 한우 이력추적제 시행을 위한 시범 운영을 해 왔으며 5월부터 수입쇠고기 이력추적과 관련 협력회사들과

바코드 코드 체계를 협의했다. 홍성진 이마트 축산 바이어는 "기존 협력회사들의 상품코드체계에 새로 적용되는 한우의 개체식별코드 및 수입쇠고기의 선하증권번호BL번호 추가로 인한 혼돈을 최소화하기 위해 노력했다"고 말하며 휴대용 정보 단말기PDA와 스캐너저울을 활용해 기존 체계와 새로운 체계를 연결해 간결하게 구현한 이력추적시스템을 시연해 보였다.

이마트 전 매장, 한 걸음 먼저 실시

지난 2007년 소 및 쇠고기 이력추적에 관한 법률이 제정 공포된 이후 정부는 2008년 12월 22일부터 소의 출생 · 거래 · 폐사 등 사육단계의 이력추적제를 시행해왔다. 이후 오는 6월 22일부터 도축 · 포장처리 · 판매 등 유통단계까지 확대 시행해 전 과정에 걸쳐 이력추적제를 도입할 방침이다. 향후 2010년까지 유통판매단계에서 위해 및 회수대상 차단조치를 위한 시스템을 마련한다는 계획이다. 최근 이마트를 비롯해 유통마트는 앞 다투어 시스템 구축 마련에 힘을 쏟고 있다. 특히 이마트는 '정부정책보다 더 철저히'라는 기치아래 담당 바이어들을 중심으로 지정 기한인 6월22일보다 앞선 6월8일부터 쇠고기 이력추적제를 전 매장에서 실시해 눈길을 끌었다. 이날부터 전 매장에는 바코드를 기반으로 한 저울 스캐너와 복합단말기를 통해 국산 · 수입 쇠고기의 이력추적이 가능해졌다.

퓨처스토어, RFID 기반 이력추적 시스템 시연

6월 22일부터 시작되는 유통단계의 쇠고기 이력추적시스템은 '위해 및 회수대상 차단조치'를 구현해야하는 숙제가 남아있다. 정부는 2010년까지 전 유통단계에서 위해 및 회수대상을 차단할 수 있는 시스템을 구현할 계획이다. 신세계아이앤씨는 앞선 기술인 RFID 기반 이력추적 시스템 솔루션을 지난 6월 5일 퓨처 스토어에서 시연했다.

이 시스템은 국내산 한우는 물론 수입산 쇠고기의 이력까지도 추적할 수 있다. 위해식품 발생 시 유통 전 단계에서 회수 · 폐기가 가능한 프로세스에 중점을 두고 있어 수입산 쇠고기에 대한 소비자들의 불안을 잠재울 것으로 기대를 모으고 있다.

노규석 신세계아이앤씨 IT서비스사업부장은 "'소 및 쇠고기 이력추적에 관한 법률'에 따라 신세계이마트, 백화점 등 관계사 뿐 아니라 쇠고기 도축 · 가공 · 수입업체의 이력추적시스템 구축 수요가 증가할 것으로 예상된다"며 "이러한 수요를 충족시키기 위해 지금까지 개발해온 RFID 기반 이력추적시스템을 적극 활용해 수입쇠고기의 안전성에 대한 소비자 욕구를 충족시켜나갈 것"이라고 밝혔다.

RFID 적용으로 유통단계 위해요소 차단 및 회수 · 폐기 가능

이마트는 올해 하반기 물류센터에 수입쇠고기 이력추적 시스템RFID와 정부의 쇠고기 이력추적 시스템www.mtrace.go.kr을 연동할 계획이다. 실현될 경우 위해식품 완벽 차단 및 신속한 회수가 가능해진다. 유통단계별 유통경로 추적시스템이 구축되는 것은 물론이다. 이를 위해 한우는 기존 18자리 신선식품코드(상품코드6+개체식별코드12)를 30자리로 확장한다. 수입쇠고기는 개별(23) 또는 묶음(24)자리와 18자리(상품코드6+업체+중량)를 같이 사용한다.

쇠고기 이력추적제는 소의 생산, 도축, 가공, 유통 과정의 각 단계별 정보를 기록 및 관리해 문제 발생시 이동경로를 따라 추적 · 소급해 신속한 원인규명 및 조치를 가능하게 해 소비자를 안심시키는 제도다. 이 제도가 본격적으로 시행되면 소 및 쇠고기에 대한 질병 · 안전관리체계가 구축된다. 쇠고기 안전성에 대한 소비자 신뢰확보와 둔갑판매 방지 등 유통 투명도도 한층 강화될 것으로 기대된다. 쇠고기 이력추적시스템은 결국 유통회사들의 첨단 시스템화 구현을 앞당기고 있는 셈이다.

▮ 자료원 : The Buyer, 2009. 6. 15, "이마트, 유통단계 쇠고기이력추적 혁신적 기술 선보여" 내용의 일부를 발췌하여 정리함.

issues analysis

본 사례는 앞서 제시한 미래점포의 기술들이 우리나라에도 현실로 나타난 역사적인 사건이라 할 수 있다. 특히, 미래유통기술의 가장 핵심이라 할 수 있는 RFID는 소비자의 쇼핑편의를 극대화시켜 줄 수 있다는 점에서 가치를 가지며, 본 사례에서는 광우병의 염려를 줄여 주는 방법으로 활용되고 있다. 이로 인해 소비자들은 이마트를 믿고 이용할 수 있으며, 이 또한 쇼핑의 가치창출이라 할 수 있다. 이처럼 유통기술을 잘 활용하는 것은 소매점포의 차별화 차원에서도 효과적이며, 이는 곧 유통업체의 성공과 직결된다고 할 수 있다.

제4장

소매업의 구조 관련 사례

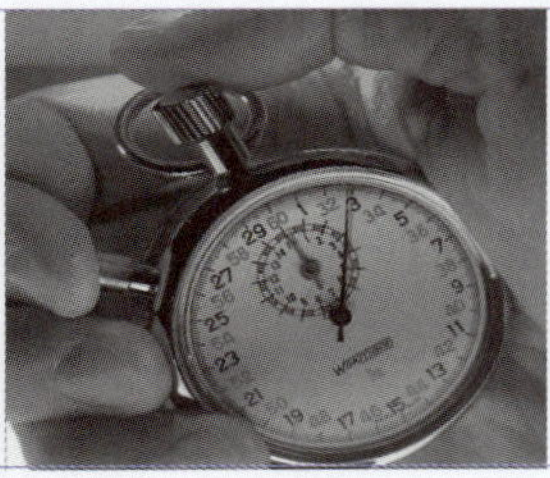

case 4-1 G마켓 비즈니스 모델 차별화로 온라인 쇼핑 선두

case 4-2 사이버 속 '또 다른 나'의 가상 쇼핑

case 4-3 이제는 U-커머스

4 _ 소매업의 구조 관련 사례

case 4-1

G마켓 비즈니스 모델 차별화로 온라인 쇼핑 선두

G마켓은 2000년 4월 설립된 이래 차별화된 전자상거래 플랫폼과 서비스를 바탕으로 급성장했다. 덕분에 대기업들을 제치고 온라인 쇼핑업계 1위에 올라섰다. 국내 전체 전자상거래 시장에서 20%가 넘는 시장 점유율을 차지하며 업계를 선도하고 있는 G마켓은 해외 시장에서도 인정받고 있다.

G마켓의 성장 요인은 인터넷 시장에서 차별화된 비즈니스 모델을 개발,소비자와 판매자가 모두 만족하는 시장 환경을 조성한 데 있다. 중소상인을 타깃으로 하는 전자상거래인 G마켓은 웹사이트에서 판매하는

G마켓

상품에 대한 수수료와 광고수입 등 비거래 수수료로 수익을 창출한다.

2006년 6월에는 미국 나스닥에 직상장하면서 글로벌 기업으로의 발판도 마련했다. 세계 최대 인터넷 포털 업체인 야후가 10%의 지분을 보유하고 있는 G마켓은 2006년부터 국내 주요 경쟁사들을 앞지르며 고성장을 거듭해 왔다. 국내외적으로 복잡한 시장상황에서도 G마켓은 시장점유율을 2007년 초 18.8%에서 지난해 말 22.4%로 높였다.

이를 바탕으로 지난해 철탑산업훈장 대통령표창, 대한민국 유통대상 국무총리 표창에 이어 신뢰받는 CEO최고경영자대상, 글로벌 경영인대상 등 50여 부문의 다양한 경영혁신, 사회공헌 등의 대상을 수상했다. 최근 한국생산성본부 NBCI국가브랜드경쟁력지수에서도 온라인 쇼핑부문 1위를 차지했다.

전문가들의 평가도 높다. 세계 주요 애널리스트들은 G마켓이 시장점유율 승자의 지위를 차지했다고 평가하고 있다. 시장을 선도함으로써 성장 모멘텀을 유지하고 있다는 분석이다. 특히 신규 카테고리의 강화로 성장세를 지속할 것이란 전망도 이어지는 등 해외에서 회사의 가치와 미래를 인정받고 있다. 의류, 전자, 잡화 카테고리가 강점인 G마켓은 리빙 카테고리가 안정적으로 성장하는 동시에 신규 카테고리인 식품군이 빠르게 성장하고 있다. 이는 식품의 경우 전통적인 소매상에 비해 온라인 가격이 10~30% 정도 저렴해 소비자들의 구매 대안 채널이 되고 있기 때문이다.

특히 생필품의 가격 상승으로 인한 물가 상승을 억제해 서민들의 물가부담을 덜어주는 역할도 하고 있다. 그래서 민간 기업으로서 공익성도 갖추고 있다는 평가를 받고 있다.

▮ 자료원 : 한국경제신문, 2009년 1월 15일자.

issues analysis

위 내용은 온라인 쇼핑몰 분야의 유통혁신을 주도하고 있는 G마켓의 성공사례이다. 최근 들어 유통업의 구조변화를 주도하고 있는 것은 무점포 소매업태들인데, 이 중 인터넷쇼핑몰은 무점포 소매업태를 대표한다고 할 수 있다. 인터넷쇼핑몰은 소비자들에게 유통의 시간적 편의성, 공간적 편의성을 제공할 뿐 아니라 저렴한 가격대, 비교구매 서비스를 제공하며, 최근에는 상품에 대한 신뢰성과 대금결제의 안정성까지 확보하였다. 2009년에는 백화점 업태를 추월하여 할인점 다음의 No. 2 소매업태가 될 전망이다.

case 4-2

사이버 속 '또 다른 나'의 가상 쇼핑

인터넷 업체의 성장률이 주춤해지고, 업체간 경쟁은 갈수록 치열해지면서, 예전과는 다른 새로운 방식의 쇼핑몰이 눈길을 끌고 있다. 특히 미국에서는 인터넷 기반의 3차원 가상현실에서 쇼핑을 체험할 수 있는 서비스가 개발돼 눈길을 끌고 있다.

미국 린든 랩Linden Lab사가 개발한 이 온라인 서비스에 접속한 사람들은 온라인과 현실 세계의 새로운 의사소통 공간으로 규명되는 '세컨드 라이프second life'에서 마음껏 쇼핑을 즐길 수 있다. 사이버 공간이 제공하는 '또 다른 삶'에서 새로운 쇼핑을 경험하는 것이 가능해진 것이다.

사이버 공간에 등장한 필스 슈퍼마켓

이제 현명한 소매업체와 소비재 기업들은 카테고리 관리에만 집중했던 과거와 달리 점차 고객 중심의 사고방식을 갖추기 위해 노력하고 있다. 즉, 상품정보 제공 및 고객 서비스 강화를 통해 소비자 니즈를 충족시키고, 신뢰감을 구축하고 있는 것이다.

슈퍼마켓이 오랫동안 사회 문화의 중심축을 이룬 '만남의 장소'로서 지역 내 커뮤니티 기능을 수행해 온 사실을 잊어서는 안 된다. 슈퍼마켓이 옛 명성을 되찾기 위해서는 새로운 방식으로 고객관계관리를 재정립해야 할 것이다.

린든 랩사가 고안한 가상세계 세컨드 라이프에 존재하는 필스 슈퍼마켓Phil's Supermarket은 인터넷 쇼핑의 새로운 방식은 물론 생존의 기로에 서있는 슈퍼마켓의 미래를 확립할 수 있는 방법을 제시하고 있다.

린든 랩은 IBM을 비롯해 미국 최대 식품업체 크래프트 푸드Kraft Foods와 전국 그러서 연합회National Grocers Association 등과 제휴, 온라인 고객들이 신뢰할 수 있는 슈퍼마켓을 사이버 공간에 탄생시켰다.

사이버 공간에 등장한 필스 슈퍼마켓

가상현실에서 즐기는 새로운 쇼핑체험

온라인으로 구현한 가상 쇼핑매장에서 동선을 거닐며 당신이 선호하는 조리법에 맞는 영양식품을 과연 발견할 수 있을까. 필스 슈퍼마켓에서는 가능한 일이다. 심지어 특정 원료에 알레르기 반응을 일으키는 식품을 개별 고객에게 자동으로 알려주기도 한다.

뿐만 아니라 도요타, GM, 닛산, BMW 등 글로벌 자동차 업계는 신차와 동일한 디자인과 기능을 갖춘 가상 자동차modified vehicle를 세컨드 라이프에서 먼저 판매, 고객 반응을 살피는 시험 시장으로 삼고 있다. 의류업체인 아메리칸 어패럴American Apparel도 신상품을 오프라인보다 수개월 먼저 세컨드 라이프에 소개, 가상 고객으로부터 피드백을 얻는다.

필스 슈퍼마켓은 사회적으로 거대한 커뮤니티를 형성하며 강한 유대관계를 구축하고 있는 세컨드 라이프 내에서 쌍방향 의사소통을 실현, 소비자와의 관계를 더욱 돈독히 하고 있다.

특히 모든 것을 사용자 스스로 만들어 나가는 가상 세계에서 쇼핑 체험은 기존 소매업체나 소비재 기업들에게 현대 소비자들의 쇼핑 패턴을 이해할 수 있는 귀중한 매개체 역할을 하고 있으며, 테스트 마켓으로도 각광을 받고 있다.

국내의 인터넷 라이브 홈쇼핑 업체

국내에는 쌍방향 커뮤니케이션 시스템을 적극 활용한 인터넷 라이브 홈쇼핑 업체가 선보였다. TV 홈쇼핑을 인터넷에 그대로 옮겨놓은 형태지만, 실시간 채팅과 같은 서비스와 이색 상품으로 기존 홈쇼핑과 차별화를 시도하고 있는 바이라이브www.buylive.co.kr는 채팅을 통한 실시간 고객 상담은 물론 이색 상품들도 제공하고 있다. 특히 유명 성형외과 원장이 인터넷 생방송에 출현하여 실시간으로 네티즌들의 성형 상담을 받은 '메디컬 컨설팅'이나 요리로 유명세를 탄 스타블로거와 함께 프로그램을 진행하며, 이색 요리기구를 판매한 것은 큰 히트를 쳤다. 이 밖에도 제주 모슬포와 전남 보성을 찾아 현지에서 직접 생방송으로 판매하는 '산지직판' 행사를 갖기도 했다.

바이라이브는 기존 TV 홈쇼핑의 높은 입점 장벽, 고수수료, 일방향 커뮤니케이션과 같은 문제점과 저가 경쟁으로 치닫고 있는 인터넷 쇼핑몰의 단점을 극복하는 새로운 패러다임의 온라인 B2C 커머스 기업을 표방하고 있다. 즉, 낮은 입점 장벽과 중저 수수료, 실시간 쌍방향 커뮤니케이션 등으로 기존 매체의 한계를 극복하고 가격 소구 중심에서 가치 중심으로 마켓 포지셔닝을 시도하고 있다.

▮ 자료원 : 리테일메거진, 2008년 4월호, pp.110-111. 2007년 8월호, pp.138-140의 내용을 토대로 재구성.

issues analysis

위 사례는 새로운 형태의 온라인 쇼핑몰을 소개하고 있다. 인터넷 쇼핑몰은 더 좋은 상품을 더 저렴하게 구매할 수 있게 하여 실용적 쇼핑을 할 수 있게 해주는 반면, 기존 오프라인 점포에서 소비자들이 체험하는 다양한 점포 경험, 즉 쾌락적 쇼핑은 어렵다. 때문에 인터넷에서 살 수 있는 상품이지만 쇼핑의 즐거움을 위해 일부러 오프라인 매장에 가는 소비자도 많다. 하지만 사이버 쇼핑몰은 '또 다른 나'를 통해 가상 쇼핑을 할 수 있게 함으로써 제한적이나마 쇼핑의 즐거움을 제공하고 있다. 사이버공간에 등장한 슈퍼마켓이나 쌍방향 커뮤니케이션이 가능한 쇼핑몰 등은 최근 쇼핑몰이 우후죽순 생겨나고 있는 상황에서 경쟁력 있는 대안이 될 수 있다.

case 4-3

이제는 U-커머스

요즘 대다수 소비자들은 옥션이나 G마켓 등의 인터넷 쇼핑몰에 익숙하다. 그만큼 PC와 인터넷을 기반으로 한 E-커머스가 우리 삶에 많은 영향을 미치고 있다. 최근에는 쇼핑매체가 다양화 되면서 새로운 무점포 소매업도 성장받고 있다. 소위 M-커머스는 모바일 핸드폰을 기반으로 하고 있고, T-커머스는 인터넷 TV를 기반으로 하고 있다.

이러한 상황에서 많은 유통전문가들은 미래 유통이 이 모든 것을 아우르게 될 것이라고 전망하고 있고, 그것을 U-커머스라고 지칭하고 있다.

U-커머스는 언제 어디서나 제한 없는 접속을 보장하는 유비쿼터스 컴퓨팅 시대에 나타나는 쇼핑형태로 PC-휴대폰-PDA-디지털TV 등 인터넷에 접속 가능한 모든 기기를 통해 상거래를 수행하는 것을 의미한다.

무선인터넷에 접속해 쿠폰을 다운 받으면 가까운 오프라인의 상점에서 실제 할인서비스를 받을 수 있는 무선 쿠폰서비스는 온라인과 오프라인을 결합한 U-커머스의 대표적인 예다. 이러한 무선인터넷 쿠폰으로 종이 쿠폰의 불편함과 함께 쿠폰 발행비용도 대폭 줄어들게 된다. 뿐만 아니라 유통업체는 쿠폰 사용자와 사용 내역을 실시간으로 파악할 수 있기 때문에 상품 구색에 대한 소비자 반응을 쉽게 알 수 있다.

한편, 특정 상황의 고객을 대상으로 한 즉각적 마케팅은 인터넷 접속기기의 개인화를 중시하는 U-커머스의 핵심 인프라로 작용한다. 예를 들어, 사용자 위치정보를 파악한 마케팅 플랫폼은 신촌 근처를 지나가는

20대 여대생들에게 신촌역 광장에서 열리는 '20대를 위한 화장품' 신제품 출시 이벤트에 참가하라는 단문메시지를 보낸다. 메시지를 받은 여대생들은 오프라인의 이벤트에 참석하고 온라인 쿠폰을 제공받는다. 집에 도착한 여대생은 해당 쿠폰번호를 화장품 웹사이트에 입력을 유도하고 쿠폰번호 입력과정에서 자신에 대한 세부정보와 관심사항을 직접 입력하게 한다. 20대 여대생은 재미난 이벤트에 참여하고 온라인 쿠폰으로 경품을 받을 수 있는 기회도 가진다.

이러한 U-커머스가 성공하려면 잠재고객의 상황 정보, 즉, 시간, 위치, 과거 구매현황, 고객데이터 등을 복합적으로 고려한 상황별 마케팅 전략을 준비해야 한다. 또한 개별 인터넷 접속기기의 특성을 고려한 마케팅도 필요하다. PC의 경우 이용자 위치정보는 이용자가 입력한 주소에 의존하는 반면, 휴대폰은 시시각각으로 변하는 위치정보를 근거로 마케팅을 펼칠 수 있다.

issues analysis

위 사례는 최근 유통업계의 주목을 받고 있는 U-커머스에 대한 내용을 소개하고 있다. U-커머스는 고객 입장에서는 시간적, 공간적 편익을 극대화한다는 점에서 매력적이고, 유통업자에게는 적은 비용으로 효과를 극대화할 수 있는 마케팅 수단으로서 큰 매력을 가지고 있다. 이러한 매력을 가진 U-커머스가 가까운 미래에 대중화될 것은 누구나 쉽게 예측할 수 있다.

제5장

소매업의 경쟁전략 관련 사례

5 _ 소매업의 경쟁전략 관련 사례

case 5-1

불황타개 위한 CRM: 우량고객 모으는 차별화 전략에 '올인'

불황연구의 대가로 알려진 미국 하버드대 비즈니스스쿨의 John Quelch 교수는 최근 불황기 돌파와 관련된 한 언론과의 인터뷰에서 "경영악화 상황에서는 마케팅 전략에 급격한 변화를 주는 등 흔히 유혹이 큰 전략을 피해야 한다"며 "그 보다는 기존 고객들에게 귀 기울여 함께 불황을 견디는 전략이 요구된다"고 밝힌 바 있다.

John Quelch 교수의 분석은 최근 소매 불황기를 맞아 고전하고 있는 국내 유통업계 현실에 잘 들어맞는다. 소비침체가 확산된 요즘 같은 때 유통업체들이 모든 고객층에게 어필하려다가는 든든한 지원군인 기존 고객마저 잃을 수 있다는 것이다. 불황일수록 기업은 최소 비용으로 최대 효율을 창출하는 데 주력해야 한다. 따라서 각 유통업체들도 모든 고객을 왕으로 모시며 동일한 혜택을 제공하는 매스 마케팅 전략 대신 진정으로 매장에 수익을 가져다주는 우수고객에게 보다 정교하게 대응하는 CRMCustomer Relationship Management 전략을 통해 안정적인 매출 증진을 꾀해야 할 것이다.

한정된 마케팅 비용 우수고객에게 투자하라

소매 불황기, 기업의 효율성 극대화를 위해서는 우수고객의 충성도 강화에 자원을 집중하는 과감한 '고객 구조조정'이 요구된다. 신규고객을 창출하는 데 있어서도 기존 CRM 데이터를 활용해 잠재 우량고객을 선별, 유치하는 전략이 필요하다. CRM이 성공을 거둬 기존 고객이 우량고객으로 전환되면, 이들은 내점빈도 증가 및 구매량 증대를 통해 매장의 수익성 향상에 기여한다. GS리테일 마케팅 총괄팀 김경훈 차장은 "불황기 CRM에 보다 집중해야 하는 이유는 신규고객 창출비용에 비해 기존 고객과의 관계를 오래 지속함으로써 창출되는 이익이 크기 때문"이라고 말했다.

실제로 경기침체로 각 유통업체들이 마케팅 예산을 삭감하고 있는 현 시점에서는 신규고객 수를 늘리려는 노력보다 기존고객의 이탈을 최소화하면서, 고객의 평생가치 극대화를 추구하는 것이 현명하다. 이를 위해서는 우수고객의 이탈 이유는 무엇이며, 어떻게 그들의 이탈을 방지할 것인가를 고민해야 한다. 먼저, 기존 우수고객의 이탈이 발생하는 원인은 여러 가지가 있지만, 타지역으로의 이사, 경쟁점 출현, 고객서비스 불만족이 가장 대표적인 원인이라 할 수 있다.

장바구니 분석으로 맞춤 서비스 제공

요즘 같은 불황기에는 이탈고객을 메울 수 있는 신규고객이 거의 없기 때문에 우수고객의 상실은 그야말로 치명적일 수밖에 없다. 따라서 우수고객들이 대우받는 차별화된 서비스를 제공하려면, 그들의 고객정보를 바탕으로 맞춤형 마케팅을 실시함으로써 고객들이 꾸준히 자기 점포를 선택할 수 있도록 만들어야 한다.

현재 유통업체 CRM의 기반이 되는 고객정보 수집은 멤버십카드 제도 운영을 통해 이루어지고 있다. 구매 금액에 따라 마일리지를 적립해 주는 멤버십카드는 유통업체 입장에서 고객정보를 가장 쉽고 편하게 획득할 수 있는 효율적인 수단이다. 또한 멤버십카드 보유 회원들에 대한 방대한 구매 데이터가 축적되면 CRM의 기본 도구로 활용할 수 있다. 홈플러스 고객가치창조팀 이덕기 이사는 "멤버십카드 제도의 운영목적은 단순히 포인트를 제공하는 기능에 그치는 것이 아니라 고객 구매 내역을 바탕으로 타겟 마케팅을 실시하기 위한 것"이라고 말했다.

한편, 유통업체들 중 다양한 업태를 운영하고 있는 그룹사는 CRM의 근간을 다지기 위해 최근 그룹 계열사 간 멤버십 제도를 통합했다. 지난 2006년 롯데와 신세계가 각각 그룹 통합 멤버십카드인 '롯데 멤버스'와 '신세계 포인트' 카드를 론칭 했으며, 두 기업 모두 가입회원 수 1,000만 명을 돌파했다. 롯데마트 CRM팀 조영호 과장은 "롯데그룹이 확보하고 있는 대규모 고객 데이터베이스를 통합, 활용함으로써 시너지를 강화하고, 그룹차원에서 활용도가 높은 우수고객 관리가 가능해졌다"고 말했다.

지난 2003년 CRM 솔루션을 구축, 전 업태에 적용시킨 GS리테일은 올 4월 GS이숍과 GS칼텍스의 멤버십 제도까지 통합, GS&포인트로 일원화시켰다. 또한 2002년 훼밀리 카드를 도입한 홈플러스는 700만 회원을 대상으로 세분화된 타겟마케팅을 전개하고 있다. 이처럼 멤버십 카드를 통해 CRM의 초석이 되는 고객정보를 구축한 각 업체들은 '누구에게 어떤 마케팅을 해야 하는가'를 결정, 고객층에 따라 차별화 마케팅을 실시할 수 있다.

먼저, 구매 금액, 구입 빈도, 최근 내점일 같은 기준으로 고객을 추출, 등급별로 세분화함으로써 '누구에게'가 정해진다. 물론 업체별로 '누구에게'를 정의하는 등급모델은 약간씩 다르지만, 단계별로 보면 대체로 우수고객, 고정고객, 일반고객, 잠재고객, 휴면고객, 가망고객 등으로 구분된다.

다음으로 '어떤 마케팅을 해야 하는가'의 문제는 등급별로 분류된 고객층에게 어떤 응대를 해야 하는가를 말하는 것이다. 객층 세분화를 통해 우량고객을 확실히 추출해내도 이들에게 '어떤 종류의 DM을 발송해야 하는지' 혹은 '어떤 식의 이벤트를 제공해야 하는지' 알아내지 못하면 CRM의 성과는 나타나지 않는다. 이 때 필요한 것이 고객 장바구니 분석이다. 고객 장바구니 분석을 통해 개별 고객의 구매패턴을 분석하면 우량고객이 주로 구입하는 상품에 대해 맞춤형 혜택을 제공하는 방식으로 원투원마케팅을 펼칠 수 있다.

▌자료원 : 리테일메거진 2008년 12월호, pp.56-59의 내용을 토대로 재구성

issues analysis

위 내용은 최근 지속되고 있는 경기침체 속에서 유통업체들에게 가장 중요시 되고 있는 경쟁전략인 고객관계관리Customer Relationship Management; CRM 전략에 대한 사례이다. 위 사례에서처럼 불황기에는 신규고객을 창출하기 위한 노력이 효과를 거두기 어렵고, 기존 고객들이 더 자주 방문하게 하거나, 더 많이 구매하게 하는 기존고객 판매확대 전략이 더 적절하다. 이를 위해서는 기존 고객들에 대한 차별적인 서비스를 강화해야 하는데, 이를 위해서는 잘 계획된 고객 데이터베이스 구축이 선행되어야 한다.

case 5-2

경기침체기에 경쟁력 있는 소매업태(천엔숍 센킨월드)

균일가 숍의 원조격인 일본 백엔숍 업계가 성장 정체기에 직면했다. 몇 년 전부터 구색의 한계를 극복하기 위해 100엔 뿐 아니라 200엔, 300엔 등 100엔 이외의 상품까지 취급하며 재기를 모색하고 있지만 이마저도 쉽지 않아 보인다. 오리혀 업태 성격이 모호해지면서 백엔숍에 대한 매력도가 점차 떨어지고 있는 상황이다. 반면 백엔숍과 마찬가지로 균일가를 콘셉트로 하고 있는 천엔숍은 그 영역을 점차 확대해 가고 있다. 1,000엔 이외의 상품은 일절 취급하지 않고, 백엔숍이 다루지 못한 상품군까지 두루 아우르며 그 세력을 확대해가고 있다.

일본 천엔숍 업계의 대표 기업은 센킨千金월드다. 센킨월드의 매력은 단연 우수한 상품력이다. 센킨월드는 백엔숍 상품처럼 한 번 쓰고 버리는 소위 '하루살이 상품'을 취급하지 않는다. 의류에서 구두, 가방, 침구, 완구까지 장기간, 상품에 따라서는 반영구적으로 사용할 수 있는 생활필수품을 1,000엔에 제공한다. 이를 통해 소비자들은 1,000엔의 가치를 재발견하는 신선한 충격을 받는다.

커피메이커, 토스터도 1,000엔에 판매

센킨월드는 철저한 저비용 운영과 아이디어 넘치는 상품개발로 다른 매장에서는 2,000엔, 3,000엔에 판매하는 상품을 1,000엔에 제공한다. 출점 입지면에서 센킨월드는 모두가 탐내는 역세권, 도심지를 고수하지 않는다. 오히려 이들은 남들이 포기하고 떠난 지역을 선택한다. 오버스토어나 경쟁 격화를 이유로 폐점한 점포를 찾아 매장 집기와 상품을 그대로 인수하는 방식으로 출점한다. 또한 개점이 임박한데도 테넌트tenant를 유치하지 못해 어려움을 겪는 쇼핑센터에 저렴한 임대료를 내고 출점하는 것을 기본 원칙으로 하고 있다.

인건비 절약방법도 남다르다. 점포 배치 인원은 매장 규모에 따라 다르지만, 기본적으로 정직원 1명과 파트타이머로 구성된다. 센킨월드의 표준 매장면적은 660m^{2}으로, 보통 7~8명의 파트타이머와 함께 1명의 정직원이 근무하고 있다. 또한 구매 담당 등 본사 직원을 포함한 대부분의 직원은 40~50대 소매업계 조기 퇴직자로 구성되어 있다. 센킨월드의 아사이 아키오 회장은 "현재 센킨월드에서 근무하는 직원 대부분은 재

취업처로 다시 소매업체를 선택하고 있다. 덕분에 우리는 전 직장의 약 반 정도의 급여만 주고도 우수한 인재를 고용할 수 있다."고 말한다. 이 같은 채용 방법을 통해 센킨월드는 직원교육에 드는 비용과 시간을 단축하고 있으며, 이들을 또 즉시 현장에 투입할 수 있어 인건비 절약에도 큰 도움이 되고 있다.

한편 센킨월드의 상품개발 전략도 독특하다. 현재 센킨월드가 취급하고 있는 상품 수는 약 1만 SKU(Stock Keeping Unit)로, 그 가운데 PB 상품이 약 30%를 차지하고 있다. 센킨월드가 1,000엔을 고수할 수 있는 데는 인건비 및 출점 비용을 억제하고 있는 것도 한 비결이지만 독특한 상품개발 전략도 한 몫하고 있다. 그 한 가지 방법은 상품 기능의 최소화다. 예를 들어 가방이라면 주머니 부착을 최소화하고, 옷이라면 지퍼나 단추와 같은 장식품 부착을 줄이는 방법으로 본 기능은 유지하되 부가기능을 간소화 해 제조비용을 낮추고 있다.

또한 제조업체의 긴급 처분품을 구입하거나 제조업체와 공동 생산하는 방식으로 상품가를 떨어뜨린다. 예를 들어 의류와 같은 브랜드 상품 대부분은 제조업체가 과잉 생산한 물량을 구입, 판매하고 있다. 이 같은 방식을 통해 센킨월드는 토스터, 커피메이커, 핸드캐리어, 숄더백 등을 1,000엔이라는 상상도 할 수 없는 가격으로 선보이고 있다.

새로운 출점 전략 실험 중

놀라울 정도의 저렴함을 제공하지만 매장 내부에서는 싸구려 이미지를 전혀 느낄 수 없다. 저가 판매점이나 균일가 숍에서 흔히 볼 수 있는 조악한 상품진열이나 지저분한 매장 환경은 센킨월드 매장에서 찾아볼 수 없다. 아사이 아키오 회장은 "센킨월드에서는 트렌드에 맞는 패션 아이템도 1,000엔으로 구입할 수 있다. 트렌드 상품을 취급하는 만큼 상품 진열에도 각별히 신경 쓰고 있다."고 밝혔다. 최근에는 진열대에 목재 소재를 도입하는 등 매장 업그레이드 작업에도 돌입했다. 또한 의류코너에서는 마케팅을 이용, 주력상품을 진열하는 한편 타월코너에서는 컬러 진열을 선보이고, 속옷코너에서는 평대 대신 옷걸이를 이용, 진열하고 있다.

센킨월드는 2009년 6월까지 점포수를 75개로 확대하고, 65억 엔의 매출을 올릴 계획이다. 또한 현재 직영점 중심에서 향후 프랜차이즈 점포 비율을 50%까지 끌어올릴 예정이다. 2010년에는 100개 점포에서 100억 엔의 매출을 올리는 것이 목표다. 아사이 아키오 회장은 "소비 양극화 현상이 지속되는 현 시점에서 연수입이 500만 엔 이하인 가계를 파고드는 것이 목표"라고 밝혔다.

최근까지 센킨월드는 상권 인구를 3만~5만 명으로 설정하고 교외를 중심으로 출점했으나 도심 역 앞 입지에도 관심을 보이는 등 새로운 입지개발을 위한 실험에도 돌입했다. 현재 센킨월드는 도쿄도 내에서 4개 점포를 운영하고 있다. 지난 6월에는 타이토구의 아사쿠사바시역 앞 닌교노 슈게츠 본사 빌딩 내에 6개월 기간 한정으로 점포를 운영하며 새로운 가능성을 타진하고 있다. 이 점포가 순조롭게 운영되면 센킨월드는 출점 지역을 보다 넓힐 수 있어 다점포화에 박차를 가할 수 있을 것으로 보인다.

현재 센킨월드에게는 이렇다 할 경쟁기업이 없다. 이 때문에 천엔숍이라는 독특한 업태를 개척하고 있는 이들의 쾌속행진은 당분간 지속될 것으로 보인다.

▌자료원 : 리테일메거진, 2008년 10월호, pp.102-104의 내용을 발췌하여 정리한 것임.

issues analysis

위 사례는 최근 전 세계적인 경기침체 속에서도 빠른 성장을 보이고 있는 일본의 천엔샵 센킨월드에 관한 내용이다. 센킨월드는 "저수익율-고회전율" 소매전략의 대표적인 형태로 중저가의 상품을 대상으로 회전율을 극대화한다는 점이 특징이며, 고객의 다양한 상품에 대한 구색욕구, 중저가 가격에 대한 욕구, 편리하고 쾌적한 매장환경에 대한 욕구에 부응하여 성공했다고 할 수 있으며, 최근의 입지 전략은 고객의 시간적, 장소적 편의성을 강화하려는 노력의 일환이라 할 수 있다.

case 5-3

몽블랑이 성공한 진짜 이유

Esprit, H&M, Zara와 같은 수직적 통합을 이룬 브랜드의 시장점유율은 지난 몇 년간 크게 증가했으며, 이들 기업의 성장속도 역시 전통적 제조업체나 유통업체보다 빨랐다. 제조에서 유통에 이르는 가치사슬 전반을 통제함으로써 제품과 유통에 있어 브랜드 정체성의 혼합이 가능한 수직적 브랜드는 경제적으로 큰 이득을 제공한다. 전통적 유통경로가 사양길에 접어들면서 섬유, 가구, 피혁, 스포츠용품, 럭셔리 제품 제조업체들을 필두고 한 많은 제조업체가 브랜드 관리를 강화하기 위한 방편으로 수직적 통합을 선택하고 있다.

숍인숍shop-in-shop과 컨세션concession 사업

수직적 통합이 반드시 독자적 점포 개설을 필요로 하는 것은 아니다. 제조업체는 숍인숍과 컨세션 사업을 통해 유통업체가 제공하는 혜택을 지속적으로 받으면서 수직적 브랜드의 이점을 누릴 수 있다.

유통업체 매장의 일부를 특정 브랜드 전용으로 운영하는 숍인숍 방식은 지난 5년간 빠른 속도로 확산되었다. 이 방식은 제조업체 브랜드의 시각적 디스플레이에 대한 통제력을 강화시키지만 유통업체와 제조업체 간의 전통적 역할 분담에는 변함이 없다. 유통업체는 여전히 제품을 구입하고 재고의 위험을 떠안는다. 제조업체는 여전히 고객으로부터 한 발짝 떨어져 있다.

혁신을 위한 아이디어를 모색하거나 제품 거래를 위해 소비자와 직접 접촉하기 보다는 유통업체에 의존해 관련 정보를 제공받아야 하는데, 이런 정보를 신속히 확보하는 데는 한계가 있다. 그 결과 숍인숍 방식을 따르던 많은 제조업체가 이제 장내 매장 운영, 즉 컨세션 사업방식을 취하고 있다. 이 방식 역시 유통업체 매장의 일부를 특정 브랜드에 전담시키기는 하지만 제조업체가 재고 부담을 진다는 점에서 차이가 있다. 또한 제조업체는 직접 직원을 고용하고, 자사의 데이터 시스템을 사용하며 수직적 통합으로 인한 다양한 이점을 누린다.

많은 기업이 숍인숍 및 컨세션 사업방식이 제조업체와 유통업체 모두에게 판매 생산성과 경쟁력을 향상시키는 윈윈win-win의 기회라고 여긴다. 실제로 직영 매장을 운영하던 일부 기업은 이제 제품 판로 포트폴리오를 단순화해 숍인숍 및 컨세션 방식에 주력하고 있다.

직영매장을 통한 제품 다각화

직영 매장은 자사 직원을 통해 판매 절차를 통제하기 때문에 전통적 유통업체나 다른 수직적 통합 모델보다 총 수익이 높은 경우가 많다. 하지만 기업은 이런 직영매장을 열기 전에 본사의 중앙관리 정도를 결정해야 한다. 중앙에서 의사결정을 할 경우의 장점은 매장 디스플레이, 상품 구색, 서비스 수준 및 직원 교육에 통일성을 줄 수 있다는 점이다. 제조업체는 매장별 특정 상품의 중요도를 결정하고 보다 쉽게 판매 수요를 예측하며, 규모의 경제로 인한 이득을 볼 수 있다.

하지만 지나친 본사관리 체제는 지역별 제품 선호도를 간과하고 점포 매니저의 의욕을 떨어뜨리며 감독비용을 증가시킬 수 있다. BCG의 연구결과 전반적으로 고급매장과 할인매장은 중앙관리 체제가 적합하고, 중간수준의 매장은 지역 차원에서 더 많은 자유를 부여하는 것이 적합한 것으로 나타났다.

생산과 유통을 모두 통제하기 때문에 성공적인 직영매장의 관리자는 제품에 대한 소비자의 반응에 신속한 대응이 가능한 풀-드리븐pull-driven

시스템으로 이득을 볼 수 있다. 상품 구색을 구분-지속적 공급을 필요로 하는 장기 베스트셀러, 계절상품, 아직 제품 매력도 테스트 중인 신상품-함으로써 소비자가 원하는 제품을 적절한 시기와 가격으로 품절되지 않게 공급한다는 보장을 할 수 있다.

또한 직영매장은 사업 다각화를 위한 발판의 역할을 하기도 한다. 가령 몽블랑Mont Blanc의 경우 1990년 필기구핵심 상품 카테고리를 판매하기 위한 직영점을 연 후 1995년 피혁제품을 출시했고, 1996년 남성용 보석류, 1997년 시계, 2001년 향수, 2005년 여성용 보석을 출시했다. 10년 전 한 개의 매장으로 시작한 몽블랑은 현재 전 세계적으로250개 이상의 직영점을 운영하는 유통 네트워크를 형성하게 되었는데, 이는 럭셔리 산업에서 가장 큰 규모의 유통망 중 하나이다.

수직적 브랜드는 유통 및 제품 정체성을 동시에 갖기 때문에 고객관계의 질이 경쟁우위의 핵심요소인 동시에 문제를 일으킬 잠재력도 지닌다. 매장환경, 판매사원의 역량, 배포되는 인쇄물은 모두 브랜드 정체성에 영향을 끼칠 수 있다. 관리자는 뛰어난 판매사원을 유치, 관리할 수 있는 역량을 가져야 한다. 이를 위해 역량 개발과 개인 목표 관리 모두에 주안점을 두는 보상체계가 필요하다.

▮ 자료원 : 엑설런스 코리아, BCG, 2006년 7월 6일의 내용을 발췌 정리함.

issues analysis

위 내용은 명품 제조업체들이 수직적 통합이라는 방법을 통해 생산뿐 아니라 유통기능까지 수행하며 성공한 사례이다. 수직적 통합은 유통업의 중요한 경쟁전략 중 하나인데, 위 사례는 제조와 유통의 기능이 하나의 기업을 통해 수행되고 있는 전형적인 기업형 수직적 경로구조라 할 수 있다. 이러한 기업형 수직적 경로구조는 유통경로상의 최대한 통제를 행사할 수 있을 뿐 아니라 생산과 유통에 있어서 규모의 경제를 가능하게 하며, 효율적인 운영을 가능하게 하는 반면, 거대해지고, 소유의 규모가 커질수록 환경변화에 신축적으로 대응하기 어렵다는 단점을 가지고 있다.

case 5-4

실버고객은 감정에 호소하라

최근 전 세계적으로 실버시장에 대한 관심이 높아지면서 유통업체들도 실버고객, 또는 이보다 조금 범위가 더 넓은 시니어 고객을 유치하기 위한 경쟁이 치열하다. 특히, 미국과 일본 등 선진국들은 이미 고령화 사회에 접어들었고, 우리나라도 더 이상 남의 이야기가 아니다. 이러한 상황에서 미국의 소규모 슈퍼마켓인 Stew Leonards의 시니어 고객을 대상으로 한 시니어 마케팅 전략은 시니어 고객에 대한 유통업체의 경쟁전략을 잘 보여주고 있다.

스튜레오나드의 철학

"우리의 일은 고객을 행복하게 하는 것이다. 만족한 고객만이 재내점한다는 사실을 항상 기억하길 바란다. 고객 없이는 우리의 비즈니스는 존재하지 않는다." 이것은 기네스북에 올랐을 정도로 매장 생산성이 높은 미국의 소규모 슈퍼마켓인 스튜레오나드Stew Leonards의 레오나드 사장이 한 말이다. 이 기업은 노인층을 어떻게 확보하고, 또 어떻게 충성고객으로 만들고 유지해 나가는지를 잘 보여주는 표본이라고 할 수 있다.

코네티컷주에 있는 스튜레오나드 노워크점의 매장면적은 3,300m^{2}에 불과하지만, 이 매장의 연간 매출액은 1억 달러에 달한다. 상권범위는 자동차로 1시간 이상으로, 한 주간 평균 10만 명이 찾고 있다. 이 점포 입구에 있는 '맹세의 암석'에는 다음과 같은 글이 새겨져 있다.

> Our Policy
> Rule 1: The customer is always right!(고객은 항상 옳다)
> Rule 2: If the customer is ever wrong, Reread rule 1.(고객이 만약 틀리다고 생각된다면, Rule 1을 다시 읽어라)

맹세의 암석에 나타난 것처럼 스튜레오나드의 모든 종업원들은 아무리 고객이 틀리더라도 고객의 의견을 존중한다. 이는 자신이 가지고 있는 신념이 뚜렷한 노인층에게는 매우 적절한 전략이라 할 수 있다. 대부분의 노인층은 자신의 신념과 맞는 정보만 받아들이고, 그렇지 않은 정보는 왜곡하여 받아들이거나, 받아들이지 않으려고 한다. 때문에 노인층을 설득하는 일은 여간 어려운 것이 아니다. 뿐만 아니라 노인층은 대접받고 싶어하는 심리도 가지고 있다. 설령 자기가 옳지 않다는 것을 알고 있어도, 자신에게 굽신굽신 대하는 종업원에 대해 또 다른 만족감을 느낄 수 있다.

스튜레오나드의 정책은 이러한 노인층의 심리에 정확히 부합된다고 할 수 있다. 매일 아침 레오나드 사장은 점포 입구에 서서 고객 한 사람, 한사람의 이름을 부르면서 인사를 건넨다. 점심시간에는 매장을 순회하며 고객들의 불만사항을 듣는다. 이 회사는 충성고객을 확보하기 위해 "STEW"의 앞글자를 따서 다음과 같은 행동규칙을 운영하고 있다.

S: Satisfy Customer(고객을 만족시킨다)
T: Teamwork Gets It Done(팀워크 없이는 고객만족도 없다)
E: Excellence Makes It Better(최선을 추구해 고객만족도를 보다 높인다)
W: Wow Makes It Fun(탄성을 자아내는 놀라움은 고객을 즐겁게 한다)

그리고, 이 'STEW'를 실현하기 위해 고품질 상품만을 취급한다. 이 행동 규칙을 훌륭하게 실천한 사례가 있다. 얼마 전 남편을 읽은 페이지 씨는 스튜레오나드의 단골고객이다. 스튜레오나드 직원들은 남편을 잃은 페이지 씨를 위로하기 위해 그녀가 즐겨 찾던 라자니아와 갈릭 샐러드 등을 선물상자에 담아 집으로 보냈다. 얼마 지나지 않아 페이지 씨로부터 다음과 같은 편지가 도착했다.

'여러분의 정성이 얼마나 제 가슴을 따뜻하게 했는지 모릅니다. 지금 이렇게 편지를 쓰고 있는 순간에도 눈물이 계속 흐릅니다. 여러분이 보내주신 선물, 그 중에서도 제 남편과 제가 즐겨 먹던 라자니아와 갈릭샐러드를 본 순간 저는 마치 크리스마스 선물을 받은 아이와 같은 기분이 들었습니다. 여러분들의 친절에, 그리고 저에게 이 같이 배려해 주신 것에 대해 마음으로부터 깊은 감사를 드립니다.'

감정에 쉽게 좌우되는 노년층

시니어층은 접객 태도 등 자신이 느낀 이미지에 매우 민감하게 반응한다. 그것은 이들이 무언가를 판단할 때 좌뇌(논리의 뇌)보다 우뇌(감정의 뇌)를 활용하기 때문이다.

젊은 시절에는 가격이나 상품구색 등 하드웨어적인 면에 좌우되지만 아니가 들수록 감정(우뇌)에 소구하는 소프트웨어적인 면에 보다 큰 매력을 느끼게 된다. 이 때문에 시니어층은 첫 인상이 나쁜 점포에서는 쇼핑도 하지 않고 나가 버리거나 두 번 다시 가지 않는다.

반대로 시니어층의 우뇌를 소구해 '왠지 모르게 느낌이 좋은 점포'라는 인상을 주게 되면, 체류 시간이 길어지고 고정고객이 될 뿐 아니라 자진해서 입소문까지 내 준다. 충성고객을 확보하기 위한 법칙은 흔히 문제해결solution X 환대hospitality라고 한다. 그러나 연령이 높아질수록 환대 요소가 보다 더 중요해진다.

▮ 자료원 : 리테일메거진, 2009년 7월호, pp.134-135, "실버 고객의 우뇌를 만족시켜라"의 내용을 발췌하여 재작성.

issues analysis

고령화 사회에서는 누가 더 많은 실버층 또는 시니어층을 충성고객으로 확보하느냐가 성공의 열쇠가 된다. 미국에서는 '시니어를 장악한 기업이 시장을 장악한다'는 말도 있다. 왜냐하면 일반적으로 시니어 중에는 '친숙한 점포', '친숙한 상품', '친숙한 직원'과 지속적으로 접촉을 유지해 나가는 충성고객이 많기 때문이다. 이들은 바겐헌터 처럼 이 점포, 저 점포를 돌아다니지 않고, 익숙한 한 점포만 지속적으로 이용하려는 성향을 보인다. 때문에 노인층을 표적고객으로 하는 유통업체들은 감성적인 소구에 보다 많은 관심을 가져야 할 것이다.

제6장

소매업 멀티채널 전략 관련 사례

6 _ 소매업 멀티채널 전략 관련 사례

case 6-1

OTTO도 Off-line 매장 진출

OTTO "국내시장 현지화로 도전"

외국계 패션생활유통 기업인 OTTO쇼핑이 맞춤형 현지화 전략을 통해 국내시장 공략에 나서고 있다.

마커스 브락만 OTTO쇼핑 대표는 지난 8일 홍익대에서 열린 'OTTO meet Hong-ik' 패션쇼에서 "올해 봄여름 신상품 제작과정에 홍익대 대학원생 10명을 참여시켜 공동으로 의상을 제작했다"며 "기존 판매 제품은 모두 유럽디자인이었지만 한국 학생들의 제작 참여로 OTTO쇼핑은 현지화와 산학협력을 동시에 이루게 됐다"고 말했다.

그는 "학생들에게 '아시아와 유럽의 만남'을 주제로 프린트 디자인을 의뢰했고, 휴양지나 리조트에서 입거나 일상에서도 편안하게 착용할 수 있는 크루즈룩 의상 11벌을 완성하게 됐다"고 설명했다. OTTO쇼핑은 10일부터 이 제품을 온라인쇼핑몰을 통해 판매할 예정이다.

8일 열린 OTTO-홍익대 합동 패션쇼 장면.

OTTO쇼핑은 오프라인 매장도 강화한다는 전략 아래 지난달 26일 현대백화점 목동점에 국내 첫 오프라인 매장을 오픈했다. OTTO쇼핑은 글로벌 통신판매회사인 독일 OTTO그룹이 1997년 설립한 국내 자회사로, 인터넷과 카탈로그를 통해 패션 및 생활제품을 판매해왔다.

자료원 : 아시아경제 2009년 4월 10일자
http://www.asiae.co.kr/uhtml/read.php?idxno=2009041010060410849

현대百 '팔고초려'…獨 OTTO 유치

목동점에 세계 첫 오프라인 매장 … '가격대비 품질' 주부들에 인기

현대백화점이 '팔八고초려' 끝에 세계 최대 카탈로그(통신)판매 업체인 독일 '오토OTTO'의 세계 첫 오프라인 매장을 유치했다. 현대백화점은 지난달 말 서울 목동점 지하 1층 가정용품 매장에 '오토'의 가정 · 생활용품을 판매하는 '오토 1호점'을 열었다. 73㎡ 규모인 이 점포에선 오토가 카탈로그를 통해 판매하는 인테리어 소품, 가구, 주방·욕실용품, 그릇, 패브릭 등 700여종의 상품을 취급한다. 세계 20여개국에 지사를 운영하는 오토가 카탈로그 고유 브랜드인 '오토' 상품을 판매하는 오프라인 점포를 낸 것은 이번이 처음이다.

현대백화점은 담당 바이어의 끈질긴 설득 끝에 카탈로그와 온라인으로만 판매해 온 '오토'를 입점시키는 데 성공했다. 김택년 가정용품 바이어는 '오토'가 불황기에 적합한 품질 좋고 저렴한 가정용품 브랜드라고 판단, 무작정 오토 한국지사를 찾아갔다.

김 바이어는 "오토 측에선 처음에 백화점 바이어가 왜 왔는지 의아해하면서 사기꾼 취급을 하기도 했다"며 "불황기에 역발상으로 유통 채널을 확대해야 하는 필요성과 백화점 채널의 강점을 내세워 설득을 시작했다"고 설명했다. 그는 "알고 보니 독일 오토 본사에서도 온라인쇼핑에 이어 오프라인 사업을 검토하고 있던 시기였다"며 "여덟 번째 찾아갔을 때 마침내 오토 측이 입점하기로 결정하고 구체적인 협의에 들어갔다"고 덧붙였다.

현대백화점은 '오토'가 주부들에게 인지도가 높은 데다 상품을 100% 직소싱해 높은 품질과 합리적인 가격이 강점이라고 설명했다. 상품 가격은 카탈로그 판매와 동일하며 같은 종류의 백화점 상품보다 품질은 크게 떨어지지 않으면서 50~80% 싸다. 카탈로그 판매와 형평성을 맞추기 위해 할인행사나 사은품 제공을 일절 하지 않는 게 오토 측 조건이다. 현대백화점은 목동점 외에 천호점과 압구정 본점, 무역센터점 등으로 오토 매장을 확대할 계획이다.

▮ 자료원 : 한국경제 2009년 4월 2일자.

issues analysis

OTTO는 독일에 본사를 두고 있는 세계 1위 통신판매 회사이다. 전 세계 20여 개국에 해외지사를 운영 기업으로 국내에서는 카탈로그 판매와 인터넷 판매 등을 통해 지난해 약 500억 원 매출을 올리고 있다. 주요 상품군은 홈데코, 식기, 의류, 잡화 등 다양한 상품으로 구성되어 주부들에게 좋은 품질과 합리적인 가격으로 판매하고 있다. On-Line계의 IKEA라는 말을 들을 정도의 낮은 가격대와 높은 인지도를 바탕으로 한국 내에서는 분기당 약 25만부의 카탈로그를 발매하고 있다.

이러한 OTTO사가 오프라인 영역을 보다 확장하고 있다. OTTO가 오프라인 영역을 확장하는 것은 통신판매 비즈니스가 한계에 이르렀다고 판단하기 때문이다. 통신판매만으로는 고객의 멀티채널 욕구에 부응할 수 없다고 판단했기 때문이다.

case 6-2

화장품이 아니라 미용관리를 팔아요

아모레퍼시픽의 설화수는 2008년 매출액이 5005억 원으로 백화점 전체 입점 브랜드 중 매장 단위면적당 매출 1위를 기록한 대표적인 국산 화장품 브랜드이다. 매출액 5005억 원은 6조원 규모로 추정되는 국내 화장품 시장의 약 11%에 해당하는 실적이며, 국내 화장품 2위 회사인 엘지생활건강의 화장품 매출 전체와 맞먹는 기록이다. 소비재 업종을 통틀어도 연간 5000억 원대의 매출을 올리는 브랜드는 많지 않다.

최근에는 롯데백화점 본점에서 '퇴출'된 샤넬 매장 자리에 설화수가 입점해 진가를 드높이고 있다. 그동안 롯데백화점 본점의 설화수 매장 크기는 샤넬 매장(100㎡)의 절반에 불과했다.

설화수의 성공비결

이러한 설화수의 성공 비결에 대해 전문가들은 한방화장품으로써 제품차별화 전략과 탄탄한 판매망, 경영진의 명품 개발 의지, 마케팅 전략 등이 복합적으로 작용한 결과라고 말한다. 하지만 백화점에서 판매되는 다른 해외 명품 브랜드들에 비해 설화수가 가지는 가장 큰 차이점은 방문판매 유통채널을 병행하고 있다는 점이다.

백화점에서 판매되는 고급 화장품들의 대부분은 백화점이라는 단일 채널을 통해 유통된다. 때문에 고객들은 백화점 매장에서 제공받을 수 있는 혜택만 제공받을 수 있다. 하지만 백화점에서 화장품을 구매하는 고객들 입장에서는 비싼 돈 주고 화장품을 사는데 더 많은 혜택을 받고 싶어 한다.

설화수는 다른 백화점 화장품 브랜드들과는 달리 방문판매를 병행하기 때문에 방문판매가 줄 수 있는 혜택을 제공할 수 있다. 예를 들어, 고객은 화장품을 구매한 뒤, 올바른 화장법에 대해 궁금해 할 수도 있고, 화장 뿐 아니라 자신의 피부관리에 대해 상담을 받고 싶을 수도 있으며, 경우에 따라서는 전문가에게 직접 피부관리도 받고 싶어 한다. 또한, 시간이 없거나 백화점과 거리가 먼 고객들은 화장품이 떨어질 때마다 매번 백화점에 가기도 어렵다. 하지만 이러한 고객들의 욕구를 백화점만으로는 충족시켜주지 못한다. 이러한 욕구들은 백화점과 또 다른 유통채널이 결합될 때 충족시켜 줄 수 있다. 이 점이 바로 방문판매와 백화점 유통이 결합된 설화수 브랜드의 경쟁원천이라 할 수 있다.

재미있는 것은 방문판매가 설화수의 백화점 판매를 증가시키는 역할을 하면서 동시에 백화점 판매가 방문판매의 판매를 증가시키는 역할도 한다는 점이다. 설화수를 파는 방문판매원들은 설화수가 백화점에서 판매되는 화장품이고, 현재 백화점 No. 1 브랜드임을 강조하면서 판매한다. 결국 설화수가 백화점에서 판매되는 것은 방문판매의 매출을 증가시키는 역할을 하는 것이다. 다시 말해, 방문판매와 백화점판매가 상호 보완적으로 시너지를 창출하여 설화수의 매출을 극대화하고 있다.

아모레퍼시픽의 방문판매원은 3만2천여 명으로 국내 최대 규모다. 이들은 구매력이 강한 30~40대 주부들을 중심으로 장기 고객을 확보하는 데 혁혁한 공을 세웠다. 이런 전략에 힘입어 설화수는 출시 이후 해마다 두자릿수의 급성장을 하고 있다.

issues analysis

위 사례는 멀티채널 전략을 수행하고 있는 아모레퍼시픽의 설화수 브랜드에 대한 내용이다. 설화수 브랜드는 백화점과 방문판매라는 두가지 채널을 통해 고객들에게 상호보완적인 편익을 제공하고 있다. 이처럼 하나의 채널만으로 제공할 수 없는 편익들을 다양한 채널 조합을 통해 제공하는 것은 고객의 충성도를 높이는 좋은 방법으로 각광받고 있다.

case 6-3

교육 서비스도 멀티채널전략

오프라인을 중심으로 영어교육사업이 전개되고 있는 교원의 +JEM은 인터넷과 전화와 학습지로 동시에 영어를 교육하는 프로그램이다. 이러한 영어 교육 사업이 생긴 이유는 온라인으로 그대로, 아니 쌍방향 학습을 할 수 있는 체험 교육으로 바꾸어 달라는 고객의 욕구가 매우 강하였기 때문이다.

+JEM이 탄생하기 전 온라인으로는 보고, 듣고, 말하고, 직접 참여하는 학습이 가능하기는 하나, 이러한 기능이 한 사이트에서 한꺼번에 이루어진 참고 사이트를 찾아보기란 매우 힘든 일이었다. 어쨌든 진정한 멀티학습, 입체적인 영어 학습을 할 수 있는 곳을 만들기 위하여 제안초기 고민의 시간이 충분히 필요했었다.

교원은 고객의 욕구에 대한 진지한 고민 끝에 +JEM에 대한 멋진 기획을 하게 되었다. 교원은 오프라인 영어교육사업의 제한점을 인터넷과 전화라는 매체를 이용해서 보완하였는데, +JEM은 인터넷을 이용해 보는 것(사운드와 영어문장이 하나로 싱크 되어 나올 수 있도록 기능 구현), 듣는 것(영어 동화책을 옆에서 선생님이 직접 읽어 주는 듯한 플래시 동화책 구현), 말하는 것(본 발음이 나오고 학습자가 직접 따라서 녹음해 보고 비교 재생할 수 있는 기능 구현), 직접 참여하는 것(사이버 학용품을 이용하여 중요한 부분에 밑줄 및 중요표시를 할 수 있는 기능 구현)을 하게 함으로써 인터넷을 통한 학습을 하게하고, +JEM Phone에서는 영어를 공부하는 학생들이 매주 배우는 내용을 원어민 선생님과 전화를 통해 연습하면서 완성시키게 한다.

일반적으로 오프라인 영어교육 서비스는 시간과 장소가 정해져 있고, 정해진 시간에 수업을 받지 않으면 소멸된다는 한계 때문에 고객 입장에서는 여간 불편하지 않았다. 하지만 인터넷과 전화로 서비스를 제공함으로써 고객들은 이러한 불편함을 해소할 수 있게 되었다.

issues analysis

본 내용은 서비스 상품의 유통도 멀티채널전략이 트렌드임을 보여주는 좋은 사례이다. 사례에 나타난 교원은 전통적으로 오프라인 영어교육서비스를 해오던 회사인데, 오프라인 서비스가 가지는 시간적, 장소적, 인적 한계점을 극복하기 위해 인터넷과 전화를 이용한 온라인 서비스 유통채널을 병행하였다. 이로 인해 고객들은 각각의 채널들이 제공하는 편익들을 통합적으로 제공받을 수 있게 되었으며, 교원의 영어 교육서비스에 대한 충성도가 높아지게 되었다. 이처럼 멀티채널의 개별 채널들이 제공하는 편익들이 조합을 이룰 때 고객의 만족이 극대화될 수 있다.

제7장

소매업의 국제화 관련 사례

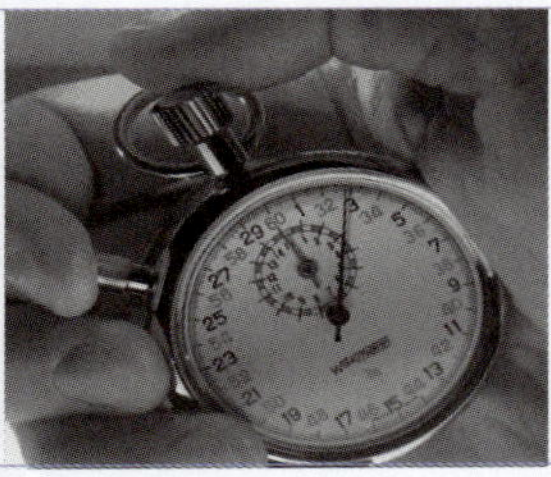

case 7-1 전 세계에 프랑스식 쇼핑문화를

case 7-2 해외 직소싱도 국제화

case 7-3 롯데백화점 모스크바점 매출부진 극심

case 7-4 한국 유통업체의 해외시장 진출 사례: E마트 상해점

7 _ 소매업의 국제화 관련 사례

case 7-1

전 세계에 프랑스식 쇼핑문화를

프랑스 소매업체인 Carrefour는 60년대 하이퍼마켓이라는 신개념의 소매업체를 소개하였다. 하이퍼마켓은 미국에서 탄생한 종합할인점full-line discount store과는 다른 형태이다. 미국의 종합할인점은 실용적 쇼핑, 즉, 상품의 구매에 목적을 둔 쇼핑을 추구하는 미국사람들의 욕구에 부응하기 위해 풍부한 상품구색을 갖추고, 최대한 가격을 낮추는데 유통의 목표를 두었다. 이를 위해 Wal-Mart로 대표되는 미국식 할인점은 셀프 서비스, 창고형 매장, 도심 외곽지역 입지 등의 전략을 수행하였다. 하지만 이러한 미국식 종합할인점은 유럽 사람들, 특히 프랑스사람들에게는 적합하지 않았다. 프랑스 사람들은 쇼핑의 목적을 실용적 차원보다는 쾌락적 차원에 두는 경우가 많기 때문이었다. 때문에 Carrefour는 이러한 프랑스 소비자들의 욕구에 부응하기 위해 미국식 종합할인점에 각종 부대시설과 편의시설을 결합시켰다. Carrefour에서는 쇼핑 뿐 아니라 은행업무, 자동차정비, 친구와의 만남 등을 가질 수 있었고, 미용실, 세탁소, 사진관, 식음료 시설 등 다양한 시설을 원스톱으로 이용할 수 있었다. 이것이 소위 말하는 하이퍼마켓이다.

이제는 유럽, 라틴 아메리카, 아시아의 33개국 15,000개 이상의 점포에서 495,000명 이상의 종업원을 보유하고 있는 전 세계 2위, 유럽 1위의 유통업체가 되었다. Carrefour 하나의 점포는 식료품에서 전자제품에 이르기까지 생필품에 해당하는 다양한 상품들을 판매하고 있다. 이러한 Carrefour는 "glo-cal" 소매업체임을 강조한다. 그 이유는 Carrefour가 세계적인global과 동시에 지역적인local 색체를 띄기 때문이다.

Carrefour가 세계적인 소매업체로 발돋움하게 된 계기는 프랑스에서 쇼핑센터의 수가 적었다는 것과 건축규제가 엄격하다는 것, 세금이 높다는 것이었다. Carrefour는 세계로 진출하려는 초기에 많은 고난과 실패를 겪어야 했다. 지금도 처음에 계획했던 나라들 중에 3/4를 운영하지 못하고 있다. Carrefour는 이러한 실패의 원인을 프랑스와 새로운 국가 사이의 문화적인 차이를 제대로 인식하지 못했다는 데에 두고 있다.

Carrefour는 이제 세계적인 소매력을 자랑하고 있다. 전 세계로 뻗어 있는 Carrefour의 하이퍼마켓들은 모두 세 가지 공통된 개념을 바탕으로 영업하고 있다. 첫째, 한 번에 모든 것을 쇼핑할 수 있도록 하면서, 둘째, 언제든지 무료 주차를 가능하게 하기, 셋째, 할인된 가격으로 상품을 제공하는 것이 그것이다. 까르푸는 전 세계에 걸쳐서 공동의 집중화된 시스템을 사용하고, Carrefour의 시스템은 지역차를 인정하는 대신 공용어를 사용하도록 한다. 한편, 새로운 나라에 점포를 열 때에는 일정한 절차를 거친다고 한다. 2년 동안 점포를 열기 전에 그 나라의 문화를 익히게 한다는 것이다. 그러나 점포를 열기 시작하면 한번에 5개에서 10개를 열어 단기간에 유통진입의 효과를 노린다.

issues analysis

본 사례는 Wal-Mart 다음으로 큰 유통업체인 Carrefour의 유통업 국제화 전략에 대해 소개하고 있다. 까르푸의 국제화는 프랑스 자국 내에서 영업을 하기 어려웠던 상황으로 인해 어쩔 수 없는 선택이었지만 그

것이 전화위복이 되어 이제는 대표적인 글로벌 유통업체가 되었다. 위 사례는 현지화가 다른 어떤 산업보다도 중요한 유통산업에 있어서 glocalization 좋은 본보기를 보여주고 있으며, Carrefour의 출점전략에 대해서도 제시하고 있다.

case 7-1

해외 직소싱도 국제화

대형마트 백화점 등 유통업체들이 중간 수입상을 통하지 않고 해외에서 상품을 직접 조달하는 '해외 직소싱'을 강화하고 있다. 해외 조달을 전담하는 부서를 신설하고 품목도 의류 생활용품에서 신선식품 가공식품류 등으로 확대하고 있다. 3~4단계 수입상품 유통 단계를 1~2단계로 대폭 줄여 가격을 낮추고 경쟁사에는 없는 차별화된 질 좋은 상품을 내놓기 위해서다.

이마트는 지난해 말 해외 소싱을 전담하는 '상품 개발 본부'를 신설하고 해외 소싱 지역을 중국 일본 등 아시아 위주에서 호주 뉴질랜드 미국 칠레 프랑스 독일 등 전 세계 19개국으로 확대했다. 이마트는 캐나다산 생수, 벨기에산 초콜릿, 이탈리아 크로와상, 일본 아이스크림 등 국내에선 맛볼 수 없는 우수 제품을 선별해 국내에서 판매할 계획이다.

롯데마트는 올 들어 호주 타즈매니아산 쇠고기, 대만 애플 망고를 직수입한 데 이어 최근 브로콜리, 홍합, 치즈 등 50여개 품목을 해외에서 직소싱해 내놓았다. 홈플러스도 올해 직수입 와인 품목 수를 30% 늘린 데 이어 시리얼, 원두커피, 파스타 등 식품류 직소싱 물량을 늘릴 예정이다.

롯데백화점은 지난 추석시즌에 처음으로 프랑스 현지에서 와인세트를 직소싱해 선보였다. 또 지난 2월 미국(오렌지 · 아몬드), 칠레(포도), 태국(새우) 등 계약농장을 선정하고 봄 정기세일부터 직접 들여온 상품들을 평소보다 10~15% 정도 저렴한 가격에 판매했다.

현대백화점은 지난해 직수입한 미국 브랜드 '쥬시꾸띄르'에 이어 국내에 소개되지 않은 미국, 유럽의 7~8개 의류 브랜드를 도입할 예정이다. 또 올해 처음으로 미국 체리와 일본산 생태 등 식품류를 직소싱해 선보였고 러시아 대게, 뉴질랜드 단호박 등 10여개 품목도 직접 들여와 판매할 계획이다.

신세계백화점도 지난해 말 시즌별 해외상품을 직소싱하는 업무를 담당하는 '선진MD'팀을 조직해 이탈리아 프랑스 등의 재킷 티셔츠 코트 블라우스 등 의류와 잡화 등을 직접 들여와 자체 편집매장을 통해 선보이고 있다.

▮ 자료원 : 한국경제신문, 2008년 10월 9일자, 대형유통업체 "복합쇼핑몰이 新성장동력"
http://www.hankyung.com/news/app/newsview.php?aid=2008100833411&intype=1

issues analysis

본 내용은 유통업 해외진출의 가장 기본적인 형태인 해외 직소싱에 대해 다루고 있는 사례이다. 해외 직소싱은 전 세계에 있는 우수한 상품들을 발굴하여 중간상을 거치지 않고, 유통업체가 직접 소싱sourcing하는 것을 의미하며, 글로벌 소싱의 발전된 개념이라 할 수 있다. 이러한 해외 직소싱은 보다 다양하고, 품질이 좋은 상품을 소비자에게 보다 싸게 공급할 수 있다는 점에서 유통업체 경쟁력의 원천이 될 수 있다. 최근 국제화 트렌드를 보이고 있는 유통업계에서는 해외 직소싱에 대해 점점 더 많은 관심을 가지고 있다.

case 7-3

롯데백화점 모스크바점 매출부진 극심

2007년 9월 야심차게 문을 연 모스크바 롯데백화점(롯데플라자)이 골칫덩어리로 전락했다. 롯데는 국내 백화점 업계로서는 첫 해외진출이라는 타이틀을 거머쥐며, 모스크바점을 출범시켰지만 매출부진과 재고 누적으로 곤혹을 치르고 있다. 특히, 일부 입점업체는 수개월간 제품을 단 1개도 팔지 못하는 매출부진에 시달리다 결국 철수하고 말았다.

이에 따라 롯데가 사전 시장조사도 제대로 하지 않는 등 '외국진출 ABC'도 갖추지 않은 채 성급하게 점포를 개설하는 바람에 입점업체들만 골탕을 먹고 있다는 비판이 제기되고 있다.

적자와 재고만 쌓여

입점업체 가운데 남성복을 파는 A사는 80m^{2}가 넘는 매장의 한 달 매출이 불과 1500만 원 수준에 그치고 있다. 이 회사는 매달 2000만 원 넘게 적자가 발생해 울며 겨자먹기로 운영하고 있다고 하소연한다. K사 역시 "장사가 너무 안된다"고 푸념한다.

모스크바점에 진출한 한국 브랜드는 22일 현재 모두 26개, 입점업체 숫자로 보면 모스크바점 전체 브랜드 가운데 약 20%이다. 이들 26개 업체가 올리는 한 달 매출은 2억 원 안팎에 불과하다고 입점업체들은 토로한다. 한국에서 웬만큼 인기 있는 브랜드가 한 점포에서 한 달 2억 원 이상 매출을 올리고 있는 것과 비교하면 거의 생계를 위협받는 수준이다.

의류업체 B사 관계자는 "지난해 11-12월 한 모피업체가 한 달 1억 5000만-2억 원 넘게 판매한 것을 제외하면 평상시 업체당 평균 매출은

롯데백화점 모스크바점

1000만 원도 안 되는 셈"이라며 "일부 아동복 업체는 한 달에 100만 원어치도 못 팔고 있다"고 전했다.

의류업체 사이에서는 재고 때문에 '땡처리'를 해야 하는 것 아니냐는 이야기까지 나온다. 몇몇 업체는 폐점까지 고려하고 있다. 돌침대업체 2곳은 지금까지 단 1개 제품도 못 팔았다. 이 중 한 업체는 투자금만 날린 채 2월 초 철수했다. 이 회사 관계자는 "남아 있는 제품을 창고에 두고 있는데 창고비용만 계속 나가고 있다"고 했다.

장사가 잘 안 되는 것은 러시아 현지 업체들도 마찬가지다. 한 현지업체는 "100m^2 매장에서 매달 2만 달러 손해를 보고 있다. 다른 쇼핑몰과 비교할 때 매출이 7분의 1수준"이라고 말했다. 입점업체들에 따르면 하루에 백화점을 방문하는 고객은 2-3층 30-40명, 4-5층 15-20명 수준에 불과하다. 주차장은 텅 비어 있을 때가 많다.

명품 브랜드들은 아직 입점하지 않아 10%는 비어 있다. 또 7층 푸드코트는 비즈니스센터 직원들만 이용하고 지난달까지 플라스틱 수저와 포크를 내놓는 등 운영도 엉망이었다고 한다. 게다가 주차장을 표시해 주는 간판이 없어 고객들이 주차를 못하고 가버리는 사례도 허다한 것으로 전해졌다. C사 관계자는 "모스크바에서 백화점은 화려한 궁전 같은 모습이 많다.(롯데처럼) 심플하고 모던한 건물은 백화점으로 여겨지지 않는 분위기"라고 전했다.

준비 소홀한 롯데는 아마추어

의류매장에서는 고객들이 원하는 사이즈가 없어 구매하지 못하는 웃지 못할 풍경마저 벌어지고 있다. 러시아인 체형에 맞는 옷이 준비되어 있지 않은 것이다. 점포 문을 닫은 돌침대업체 측은 "러시아인들이 돌침대를 문화적으로 받아들이지 못한다"고 했다. 롯데가 사전조사도 제대로 하지 않은 채 무작정 진출했다는 지적이 나오는 것도 이 때문이다.

D사 관계자는 "롯데가 러시아에 진출하기 전 전문적인 마케팅 조사를 하지 않아 여러 가지 실수가 터져 나오고 있다. (롯데에) 전문가들이 없기 때문이다. 아마추어들만 있다"고 비판했다.

E사 측은 "백화점을 열었다면 손님들이 모일 수 있도록 해야 하는데 별다른 노력도 하지 않고 능력도 없는 것 같다"며 "물류비용도 엄청나게 들어가고 있다"고 했다. 물류는 각 브랜드들이 각각 알아서 처리하고 있는 상황인데, 항공운송만 가능한 상태여서 비용도 만만치 않다는 지적이다.

이 회사는 "컨테이너 하나 보내는 데 2000만 원이나 든다. 통관도 쉽지 않다. 롯데 측 지원은 전혀 없다. 롯데가 부동산 사업하면서 한국 협력업체들을 이용하고 있다는 생각이 든다"고 털어 놓았다.

대형의류업체들도 인테리어 비용까지 감안해 3년 동안 손익분기점을 맞추려면 월 7000만 원은 팔아야 하는데 턱없이 모자라다 보니 한숨만 쉬고 있다. 몇몇 입점업체는 "모스크바 백화점 오픈이 계획보다 늦어지면서 입점하지 않으려고 했으나 압력에 못 이겨 들어간 곳이 많다"고 말했다. 업체는 이어 "롯데가 국내에서 하던 방식 그대로 입점업체들을 끌고 나가 생고생을 시키고 있다"고 분개했다.

롯데측은 이에 대해 "아직 매출은 부진한 편이지만 신장률은 좋다"며 "3월까지 명품 브랜드들이 입점하면 나아질 것"이라고 말했다. 백화점 업계 고위 관계자는 "세계 유명 백화점들이 주로 자국에서만 영업하는 것은 그만큼 외국 진출이 쉽지 않기 때문"이라며 "상품만 파는 게 아니라 현지인들과 함께 호흡하고 그들과 문화를 함께해야 하는 어려움이 있다"고 지적했다.

▌자료원 : 매일경제 2008. 2. 25일자

issues analysis

본 사례는 국내 백화점업계의 선두주자인 롯데백화점이 모스크바에 진출하여 부진한 실적을 보이고 있는 이유에 대해 분석하고 있다. 본 사례에는 그 이유에 대해 다양한 이야기를 하고 있지만 한마디로 요약하면 현지화의 실패, 좀 더 정확히 말하면 현지화 준비의 실패에 있다고 할 수 있다. 이처럼 유통업체의 국제화는 매우 불확실하고, 실패의 위험이 크다. 따라서 국제화가 트렌드라고 하여 맹목적으로 트렌드를 따르려고 하기 보다는 현지화를 위한 오랜 기간의 철저한 준비과정을 거쳐야 할 것이다. 특히, 백화점처럼 고객서비스가 극단적으로 중요한 high-touch 소매업태는 더욱 그러하다.

case 7-4

한국 유통업체의 해외시장 진출 사례: E마트 상해점

신세계는 오는 2014년까지 중국내 이마트 지점을 100호점까지 확대한다는 계획이다. 이 업체는 지난 4월29일 상하이 지아땅취 차오안루에 상하이 지역 9호점이자 중국내 11번째 점포인 차오안점 개점을 맞아 정용진 신세계 부회장과 이경상 이마트 대표가 참석한 가운데 기자간담회를 열고, 이 같이 밝혔다. 정용진 신세계 부회장은 "현재 상하이와 텐진에 한정된 출점지역을 지앙쑤성, 저장성 등 중국 18개 지역으로, 확대하는 다점포·다지역 전략을 본격적으로 추진해 2012년 70호점, 2014년 100호점까지 개설할 계획"이라고 밝혔다.

신세계는 이를 위해 5천억원 이상을 투자할 예정으로 우선 올해 안에 이장과 텐진, 쿤샨, 우시 등지에 모두 10여개의 신규점포를 추가로 오픈, 중국 내 점포수를 현재의 두 배 수준으로 늘리기로 했다. 또 이르면 내년까지 중국에서 지주회사를 설립, 각 지역별 법인을 총괄하게 할 방침이다.

한편 신세계이마트는 차오안점 오픈으로 상하이 지역에 모두 9개 점포를 확보, 상하이 지역 대형마트업계 1위인 로터스의 점포수 20개와 까르푸의 13개를 따라잡기 위한 본격적인 경쟁 기반을 마련하게 됐다.

이처럼 신세계가 중국진출을 성공적으로 추진할 수 있게 되었던 것은 이마트 중국 1호점인 상해점의 성공에 기반한다 할 수 있다. 다음 내용은 이마트 상해점의 출점 전략을 요약한 것이다.

이마트 상해점 해외진출 전략

1. 업체개요

투자규모: US $510만 (한국측 US$5백만, 중국측 US$10만)

취급품목: 각종 식품, 의류, 생필품 등

직원수: 398명 (정규 209명, 실습생 등 임시고용직 89명)

2. 투자동기 및 목적

중국 최대 도시인 상해는 소비시장 규모가 크고, 항공, 철도 등 물류 기반시설 등이 잘 갖춰져 있어, 중국 전역에 걸친 다점포화를 위한 전진기지로 적합하다. E마트는 한국 내에서 이미 외국계 유통업체와 치열한 경쟁을 벌이고 있는데, 국내 상품 수요의 변화에 대처하고 유통상품의 차별화를 위해서 해외 상품의 매입 및 공급기지가 필요하다. 그런 의미에서 상해는 E마트의 해외진출 교두보로는 최적의 입지로 평가되었다.

3. 파트너 선정

유통업은 외국기업에 대한 진입제재가 가장 큰 부분중의 하나로, 중국은 1992년 북경, 상해, 천진 등 6개 도시와 심천 등 5개 특구에 한해서 소매유통업을 시범적으로 개방하였다. 중국에서의 유통법인 설립은 반드시 합자 또는 합작 방식으로 하되, 합자법인은 중국측이 51% 이상의 지분을 보유하도록 규정하고 있다.

따라서 외국기업이 중국에 진출하려고 할 때에는 파트너의 선정이 무엇보다도 핵심적인 고려사항이 된다. 파트너의 선정은 먼저 중국 진출 초기에 중요하다. 왜냐하면 정부가 유통법인 설립 허가 시 객관적인 기준 없이 각 사안별로 부여해 주기 때문에, 초기단계에서 허가기관에 영향력을 행사할 수 있는 파트너가 필요하기 때문이다. 그러나 파트너의 선정이 이 보다 더 중요한 시기는 투자 이후이다. 유통업의 경우 투자 이후에 법인의 영업에 실질적인 도움을 줄 수 있는 파트너의 선정이 더 중요하기 때문이다.

E마트의 예를 들면, 1997년 상해에 투자할 때, 상해시 상무국 산하의 上海商務中心股分有限公司를 합작파트너로 하여 법인을 설립하였다.

上海商務中心股分有限公司는 상설 전시장에 3城 1市를 유치했다. 3城이란 가구매장(家具城), 건물장식매장(裝璜城), 가전매장(家電城)이며, 1市란 대형할인매장(大型超市)인데, E마트가 1市로 들어가게 되었다. 이로 인해 3城의 카테고리별 전문 매장(Category Killer)에 방문한 중국의 소비자들이 자연스럽게 E마트에도 방문하게 되었다. 上海商務中心股分有限公司가 E마트의 마케팅 및 영업활동에 도움을 준 것이다.

E마트는 또한 합작투자 방식으로 유통업에 진출할 때의 허가요건(중국측 지분율 51% 이상)을 충족시켰지만, 이사회 6명 중 4명, 이사장, 사장 모두를 한국측이 담당토록 함으로써, 경영의 독립성을 확보하였다. 중국측에는 지분율에 대한 고정수입 일부와 임차료를 제공하면서, 파트너측의 영업력을 활용하여 안정적인 운영을 하고 있다.

요컨대, E마트의 예에서와 같이, 합작투자 방식으로 유통업에 진출하려면, 파트너의 섭외능력, 영업능력, 실제 운영자금 동원능력 등이 매우 중요하다. 따라서 한국측이 모든 것을 장악하려는 것보다 파트너 나름의 장점을 적극적으로 활용하는 태도가 중요하다.

4. 직원관리

E마트는 현지의 정서에 맞추어 직무중심보다는 인간중심의 관리를 위해 노력하고 있다. 직원은 교육을 통해 E마트맨으로 양성해 내고, 지속적으로 능력개발의 기회를 준다는 것을 기본 방침으로 하고 있다.

능력이 부족한 직원은 해고보다는 감봉하되, 그 이유를 충분히 설명한 다음, 본인으로 하여금 감봉을 감내하면서도 근무할 것인지 아니면 사표를 제출할 것인지를 선택하도록 하고 있다. 선택권을 직원에게 주었기 때문에, 직원들은 회사의 방침에 보다 잘 수긍하며, 일에 대한 책임감이 강해지고 있다.

5. 임금정책

능력급과 성과급을 혼용하고 있다. 하급직원은 연공서열로, 초급간부 이상의 중상급 직원은 인센티브 제도에 더 중점을 두고 있다. E마트는 향후 직원의 승진을 보다 빈번하게 시킬 계획이다. 이 방법은 또 승진에 따르는 급격한 임금 인상으로 인한 동료 직원간 갈등을 완화하는 효과도 기대할 수 있다. 왜냐하면, 동료 직원간 임금 격차가 심하면, 보상제도의 객관성이 결여 되어 있다고 생각할 경우, 근무사기에 영향을 미칠 수 있기 때문이다.

6. 경영 애로사항

유통업은 국무원의 비준사항이나 E마트는 현재 국무원이 아닌 상해시로부터 비준을 받았다. 이처럼 실제 중앙정부의 유통개방정책은 각급 자치정부에 이르면, 약간 다른 형태로 변형이 되는 경우가 많아, 사업 전에 법적인 검토를 거쳐야 하나 법적 투명성이 부족하여 정확한 법률 및 정책을 파악하기가 어렵다.

▮ 자료원 : 오세조, 세끼네타카시(2002), 한눈에 보는 한일 소매유통전쟁, pp.261-267, 넥스트이코노미 2008년 5월 28일자, "유통양강 중국정벌 본격화", p.28의 내용을 토대로 재구성한 것임.

issues analysis

본 내용은 국내의 대표적인 유통기업인 이마트의 중국 진출 전략을 보여주고 있는 사례이다. 이 사례에서 이마트는 유통업체의 해외진출 시 주로 사용되고 있는 합작회사 형태를 취해 진출했으며, 임금정책과 직원관리 등 세세한 부분까지 현지화를 위해 노력하였다. 이러한 이마트의 성공사례는 해외진출을 추진하고 있는 유통업체에서 현실적으로 고려해야 할 사항에 대한 지침을 제공하고 있다.

제8장

입지 선정 관련 사례

case 8-1 Mr. I's는 고소득의 나이든 전문직 종사자가 많은 곳을 좋아한다

case 8-2 Domino 피자는 배달 지역을 할당한다

case 8-3 기존 입자를 활용하는 것도 좋은 방법

8 _ 입지 선정 관련 사례

case 8-1

Mr. I's는 고소득의 나이든 전문직 종사자가 많은 곳을 좋아한다

Mr. I's는 미국 South Miami에 있는 하이패션의 고급안경을 취급하는 안경 부띠끄이다. Mr. I's는 체계적인 상권의 상권분석과 입지선정으로 유명하다. 본 사례에서는 Mr. I's의 상권분석과 입지선정 사례를 통해 최근 입지선정 트렌드를 살펴보자.

Mr. I's는 South Miami에 있는 본점의 입지가 매우 성공적이기 때문에, 비슷한 성격의 상권을 찾고 싶었다. 이를 위해 본점의 상권 규모와 고객의 인구통계적 특징을 조사한 다음, 이 특징들을 새로운 미래의 입지와 맞추어보았다. 이를 통해 고객의 인구 통계적 특징, 경쟁, 현재 운영

중인 점포의 매출에 대한 지식이 새로운 지역의 점포규모와 매출규모 가능성을 예측하는데 사용되었다.

이러한 방식은 세단계로 나누어진다. 첫째, 현재의 상권을 고객 스포팅 기술을 사용하여 결정한다. 둘째, 점포 고객의 혼잡도를 기초로 제1차, 제2차, 제3차 상권을 정의한다. 마지막으로, 가장 좋은 입지를 결정하기 위해 현재의 점포 특징과 잠재적인 새로운 점포의 입지를 비교한다.

1단계와 2단계: 현재 상권을 파악하라.

현재의 고객에 대한 데이터 웨어하우스로부터 나온 고객 스포팅 자료를 기초로 분석결과들(표 8-1, 8-2, 8-3)은 Florida의 South Miami에 있는 Mr.

[표 8-1] Mr. I's 안경 부띠끄 주변 3마일 지역의 소득분포

구 분	내 용	비율(%)
인 구	98,291	
1인당 수입($)	41,917	
총수입(백만달러)	4,120	
수입별 가구수	37,282	
$5,000 미만	971	2.6
$5,000-$9,000	1,909	5.1
.	.	.
.	.	.
.	.	.
$40,000-$49,000	3,275	8.8
$50,000-$59,000	2,484	6.7
$60,000-$74,999	3,169	8.5
$75,000-$149,999	7,238	19.4
$150,000 이상	7,127	19.1
중간단계의 가구수입($)	54,914	
평균 가구수입($)	110,217	

I's 안경 부띠끄를 위해 제1차상권(3마일 범위내)을 나타낸다. Claritas의 소득 분포 보고서(표 8-4)에는 성장 예상치 뿐 아니라 자세한 가구별 소득 정도가 포함되어 있다. 이지역의 가구당 평균 수입은 11만 217달러이고, 전체 가구중 19.4%의 수입은 75,000달러에서 149,000달러 사이이고, 19.1%는 150,000달러 이상의 수입을 가지며, Mr. I's 안경점 주변 3마일 이내의 지역은 매우 부유한 지역이다.

[표 8-2] Mr. I's 안경 부띠끄 주변 3마일 지역의 인구통계적 특징

구 분	내 용	비율(%)
인구	98,291	
가구수	37,282	
평균 가족수	2.55	
인종		
백인	86,159	87.7
흑인	8,627	8.8
아시아/태평양 도서민족	3,221	3.3
미국인디언	285	0.3
히스패닉	47,367	48.2
중간연령	41.4	
남성	47,377	
0-20	11,623	24.5
21-44	16,061	33.9
45-64	11,623	24.5
65-84	5,670	11.9
85+	559	1.2
여성	50,905	
0-20	11,061	21.7
21-44	16,114	31.7
45-64	14,640	28.7
65-84	7,816	15.3
85+	1.274	2.5

인구통계 동향보고서(표 8-2)에는 인구, 가구당 가족수, 인종, 민족, 성별, 나이에 대한 자료가 포함되어 있다. Mr. I's 안경점 주변 지역의 흥미로운 특징은 인구의 약 48.2%를 라틴 아메리카계가 차지한다는 점이다.

고객의 인구 통계적 특징을 조사하는 것만큼, 이들의 라이프스타일이나 사회 심리적 특성을 보는 것도 중요하다. Mr. I's 안경점 상권이 일반적으로 부유하다는 것은 이미 알고 있지만, 거주자들이 하이패션의 고급 안경을 좋아할 만한 사람들인가? Potential Rating Index for Zip Markets (PRIZM)은 지역사람들의 라이프스타일 정보를 제공하는 1,600개 지방자치 기관들로부터 나온 정보 뿐 아니라, 센서스 자료, 전국적인 소비자 조사, 기타 통계 등을 제공하고 있다. 이 정보는 사회계급, 이동성, 민족, 가족수명주기, 주택문제 등으로 분석이 된다.

PRIZM 시스템은 전국의 동네를 62가지 유형으로 구분한다. PRIZM은 유유상종을 근거로 하는데, 구체적으로 사람들은 자신들의 동료와 이웃하여 살고 싶어하며, 같은 동네의 주민들은 비슷한 소비행동 패턴을 가지는 경향을 이용하고 있다.

〈표 8-3〉은 Mr. I's 안경점 주변 3마일 반경 안에 있는 주민들에 대한 가장 훌륭한 PRIZM 라이프스타일 보고서를 요약한 것이다. “Blue Blood Estates”와 “Pools & Patios”는 모두 부유하고 나이든 그룹을 나타내며, 이는 Mr. I's 안경점을 위해서는 최상의 조건이다. “Young Influentials” 또한 Mr. I's 안경점의 하이패션 상품에 끌리게 될 것이다. 그러나 “Upstarts & Seniors”는 이들이 가지는 중간단계의 수입으로 인해 Mr, I's의 표적시장과 정확하게 맞아 떨어지지는 않을 것이다. PRIZM 보고서는 앞서

의 수입과 인구통계 동향보고서를 함께 반영하여, 이 지역이 부유하여 고가의 고급 안경 판매에 이상적인 곳이라는 결론을 제시해 준다.

[표 8-3] PRIZM Mr. I's 안경점 주변 3마일 지역에 있는 인근의 라이프스타일 집단

군 집	인 구	비율(%)
Blue Blood Estates	18,457	19.5
Pools & Patios	11,279	11.9
Yong Influentials	12,163	12.9
Upstarts & Seniors	10,416	11.0

[표 8-4] Mr. I's 안경점 주변의 PRIZM 군집 설명

Blue Blood Estates

Blue Blood Estates는 미국의 가장 부유한 사회경제적 지역으로 상류층, 고위 경영자, 전문직 종사자, 갑부의 후손들이 거주한다. 이들은 특권의식에 젖어 있고, 호화스러운 환경에 거주하는데 익숙하다. 10명의 백만장자 중 한 사람 꼴로 이곳에 거주하며, 다음 수준의 집단과 상당한 격차가 있다.

Upstarts & Seniors

Upstarts & Seniors는 젊은 사람과 나이든 사람을 모두 포함한다. 만약 직장이 있고 독신이고, 아이가 없다면 이들의 공통점은 매우 많다. 이들은 평균적인 교육을 받고, 사업, 금융, 소매, 건강, 공공서비스 같은 서비스 분야에서 평균적인 교육과 수입을 받는다. 이 그룹은 콘도, 아파트에서 거주하며, 선벨트와 서부의 은퇴지역을 선호한다. 이 그룹의 소득은 중간단계이고, 백인이 압도적으로 많고, 25세 이하이거나 65세 이상이다.

Pools & Patios

Pools & Patios는 수입이나 교육수준이 평균 이상으로 교외의 그린벨트 지역에서 볼 수 있다. 이들의 아이들 대부분은 성장하여, 집을 떠나 나이든 부부만 남게 되며, 젊은 주부가 낡은 집을 유지하려면 비용이 많이 든다. 이 지역은 높은 교육, 기업 고위관리직, 맞벌이로 양질의 삶을 보장 받는다.

Young Influentials

Young Influentials는 전문적인 하이테크 및 사무직에 종사하는 대도시의 세련된 사람들이다. 맞벌이를 하여 소비성향이 강하다. 라이프스타일은 개방적이며 독신이거나 아이가 없는 부부, 비싼 원룸 주택이나 아파트, 콘도에서 대부분 독립적으로 살아가는 성인들이다.

3단계: 최적 입지 결정을 위해 현재의 점포 특징과 향후 새로운 점포의 입지를 비교

Mr. I's 안경점의 기존 점포 상권을 정의했기 때문에 새로운 점포입지를 선택하기 위해 그 정보를 사용할 수 있다. 이 기술은 기존의 점포와 유사하거나 비슷한 시장영역을 가진 입지를 발견하는 것이다.

수요에 영향을 미치는 요소를 근거로, Mr. I's 안경점이 현재의 입지에서 성공을 거둘 수 있었던 가장 중요한 다섯가지 요인으로서 고소득, 압도적으로 많은 사무직 근로자, 상대적으로 높은 장년층 비율, 수입이나 교육이 평균이상인 PRIZM 분석, 고가 안경점의 상대적으로 낮은 경쟁을 들 수 있다. 〈표 8-5〉는 이러한 다섯 가지 요소에 대해 Mr. I's 안경점의 현재 입지와 향후 가능성 있는 네 곳의 입지를 비교한 것이다.

[표 8-5] Mr. I's 안경 부띠끄와 네 곳의 잠재적 입지의 상권 설명

점포 입지	가구당 평균소득($)	사무직 인구	45세 이상 인구비율 (%)	주요 PRIZM 프로파일	경쟁정도
Mr.I's	110,217	고	44	Blue Blood Estates	저
A입지	60,000	고	25	Young Suburbia	중
B입지	70,000	저	80	Gray Power	저
C입지	100,000	고	30	Young Literate	고
D입지	120,000	고	50	Money&Brains	중

비록 A입지의 잠재적인 고객들은 일반적으로 사무직 직종을 가짐에도 불구하고, 상대적으로 수입이 낮고 비교적 젊다. 젊은 교외 거주자들은 어린 가족이 있는 경향이 있어, 비싼 안경이 최우선적인 소비 상품은 아니다. 마지막으로 이 지역에는 중간 정도의 경쟁이 있다.

B입지를 둘러싸고 있는 Gray Power 집단은 중간정도의 소득을 가진 은퇴한 사람들이다. 경쟁이 낮고 대부분의 거주자가 안경을 필요로 함에도 불구하고, 이 고객들은 유행보다 가치에 관심을 더 기울인다.

C입지는 이 지역에 거주하는 젊은 지식인 계층의 고소득자들로서 고위 경영자, 전문직 종사자, 도시에 있는 대학 근처에 거주하는 학생들이 섞여 있기 때문에 강한 잠재력을 가진다. 이들은 Mr. I's 안경점의 유행상품의 진가를 인정한다. 하지만 불행하게도 다른 고급안경점들이 그 지역에 들어와 있다.

D입지는 Mr. I's 안경점을 위해 최고의 장소이다. 거주자들은 고소득의 나이든 전문직 종사자들이다. 부유층과 지식층은 고급 안경 같은 성인 사치품의 세련된 소비자들이다. 중요한 것은 PRIZM 군집이 Blue Blood Estates와 유사하지만 그다지 부유하지는 않다는 점이다.

issues analysis

위 사례는 고급 안경 부띠끄인 Mr. I's의 상권분석과 입지선정과정을 보여주고 있다. 위 사례에서는 유사성방식, 즉, 성공한 점포입지와 유사한 조건을 가진 입지를 선정하는 방식을 취하고 있다. 하지만 불행히도 유사한 상황을 찾는 것은 항상 이 사례처럼 쉽지는 않다. 유사성이 약할수록, 입지 선정이 더욱 어려워진다. 소매업체가 상대적으로 적은 수의 아웃렛을 가질 때(가령 20개 이하), 유사성 방식이 최선일 경우가 많다. 비록 Mr I's 안경점과 같이, 한 개의 점포만을 가진 소매업체도 유사성

방식을 사용할 수 있다. 점포의 수가 늘어나면서 분석가들이 의미 있는 방식으로 자료를 조직하는 것이 더욱 어려워진다. 이를 위해서는 보다 정교한 통계적 방법, 예를 들면 다중회귀분석을 이용한 방법이 필요하다.

case 8-2

Domino 피자는 배달 지역을 할당한다

Michigan Ann Arbor에 있는 도미노 피자는 한 때 피자 배달지역을 분석하기 위해 4,300 장의 종이지도를 사용했고, 몇 가지 사실만을 바탕으로 대부분의 입지를 직관적으로 결정했다. 하지만 이 회사는 제대로 된 입지 및 이전 결정을 위해 엄격한 인구 통계적 및 지리적 자료뿐만 아니라, 잘 구획된 배달지역의 분할이 필요하다고 결론을 내렸다.

Domino는 Chicago와 Ann Arbor의 각 지역에서 Domino의 배달구역을 지도화하기 위해 Ann Arbor에 있는 Thomson Associates와 계약을 맺었다. 이 과정에서 몇 군데 겹쳐지는 배달지역과 배달이 안 되는 지역이 확인됐다. GIS를 사용함으로써 Domino는 신속히 구분이 필요한 큰 배달지역을 찾아낼 수 있었다.

Thomson Associates는 배달되지 않는 지역에 대해서는 입지 분석을 실시했다. 컨설턴트들은 인구 통계적 자료와 지도 분석을 결합함으로써 잠재된 성장지역을 파악했고, 지역 고객을 조사하고, 경쟁정도를 분석하고, 도로 접근방식을 결정했다.

일단 주어진 지역의 인구 통계적 자료와 이 지역이 표적시장과 얼마나 잘 맞는지를 파악한 후에, 그 지역 내에서 배달되지 않는 지역과 가능성이 잠재된 지역의 등급을 매길 수 있었다. 그런 다음, 가장 효율적인 배달구역이 결정됐다.

Domino의 목표는 각 가구로 8분 이내에 배달이 가능한 네트워크 파악을 위해 마련되었다. 그런 다음, 배달에 소요되는 시간을 기초로 배달지역을 할당했다.

피자헛을 포함한 도미노 피자의 경쟁업체들은 레스토랑 영업도 하기 때문에 많은 서비스인력과 넓은 매장이 필요하게 되어 많은 비용이 투입된다. 점포의 입지도 주로 임대료가 비싼 주요상권에 입지하기 때문에 비용 상승의 원인이 된다. 이에 비해 도미노피자는 배달시장에만 특화되어 있기 때문에 경쟁업체에 비하여 넓은 매장이나 많은 인력이 필요없기 때문에 상대적으로 적은 비용으로 운영이 가능하다. 도미노 피자의 차별적인 입지 전략도 비용을 낮출 수 있는 요인이 되고 있다.

issues analysis

위 사례는 30분 배달 보증제로 유명한 도미노 피자의 입지 선정 전략을 보여주고 있다. 도미노 피자는 업계 선두인 피자헛처럼 레스토랑 영업을 하는 것이 아니기 때문에 굳이 임대료가 비싼 곳에 위치할 필요가 없다. 또한 넓은 매장도 필요하지가 않다. 이러한 경우에는 고객들의 실제 거주 지역을 토대로 시간상의 거리, 도로 접근방식 등을 고려하여 가장 빠르게 배달할 수 있는 입지를 선정하면 된다.

case 8-3

기존 입지를 활용하는 것도 좋은 방법

'편의점에 가서 공과금을 내고, 인터넷 쇼핑몰에서 구입한 상품을 받는다. 집 근처 편의점이 인터넷에서 주문한 상품을 원하는 점포에서 건네받을 수 있는 '택배픽업서비스'를 행하고 있기 때문이다. 나오는 길에는 편의점 내 ATM에서 필요한 돈을 출금한다.'

편의점에서 이용 가능한 서비스 상품

아 이 템	취급점 비율	아 이 템	취급점 비율
휴대폰 충전	100%	보험상품 판매	63%
택배	98	버스카드 충전	40
전기 · 전화 · 휴대폰 요금 수납	95	컬렉트콜 이용	12
보험료 수납	83	스포츠 티켓 예매	31
신문대금 수납	90	매장내 무선인터넷 사용	36
적십자회비 수납	88	교통카드 판매	66
사이버 머니 판매	96	통신요금 수납	72
전화카드 판매	99	꽃 배달	27
ATM 설치	75	DVD 대여	2
멤버십 체크카드	55	복사 · 팩스	0.1
케이블요금 수납	72	우표 판매	0.1
상품권 판매	73	무인서류 발급	0.1

편의점은 이제 단순히 물건만 파는 곳이 아니다. 현대인의 라이프스타일에 맞춰 어떤 종류의 서비스라도 판매할 준비가 되어 있다. '편의'도 하나의 상품으로 인식하고 있는 업체들은 다양한 생활서비스를 개발, 소비자의 가려운 곳을 24시간 긁어주고 있다.

편의점은 대행 서비스 거점

편의점에서 고객 생활편의를 도모할 수 있는 서비스 개발이 활성화된 이유는 동네 구석구석 1만점에 달하는 전국 네트워크망을 이용, 거점 대행 서비스를 확산시킬 수 있기 때문이다. 즉, 소비자와 서비스 업체를 연결해주는 '대행 생활공간'역할을 할 수 있는 전국적인 네트워크를 갖춘 데다, 24시간 운영이라는 장점까지 더해져 서비스 이용객들에게 호응을 얻고 있다.

생활서비스가 편의점 전체 매출에서 차지하는 비중은 5% 미만으로 그리 크지 않지만, 생활서비스는 애초에 매출 증대가 목표가 아니라 업태 본연의 목적인 고객 생활 편의 도모를 위해 개발한 상품이다. 또한 편의점에서는 생활서비스 제공으로 집객력을 향상시켜 동반 구매를 유도할 수 있다는 장점이 있다. 즉, 생활서비스가 직접적으로 매출을 발생시키지 않더라도, 밤늦게 택배를 보내거나 현금을 찾기 위해 편의점을 방문한 소비자들이 필요한 물건을 한두 개씩 사기 때문에 부가매출을 올릴 수 있다.

국내 편의점 업계는 아직 생활서비스에 대한 공통된 정의를 내리지 못하고 있다. 하지만 대부분 업체들이 업무상 편의를 위해 장비 유무에 따라 유형와 무형의 서비스 상품으로 구분하고 있다. 유형서비스는 특정 장비나 기기를 필요로 하는 상품으로 ATM, 교통카드/휴대폰 충전, DVD 대여, 복권, 컬렉트콜 서비스 등이 있다. 별도의 장비가 필요하지 않은 무형 서비스 상품에는 공공요금 수납, 택배, 픽업, 사이버 머니 결제, 잉크 충전 등이 있다.

택배, ATM이 대표 성공작

생활서비스는 점포 상황에 따라 최대 40여 가지에 이른다. 따라서 업체별로 서비스 담당 매니저를 두거나 전담팀을 구성하고 있다. 구성된 각 사의 서비스 개발 담당자들은 편의점 고객들에게 우수한 서비스를 제공할 수 있는 역량 있는 업체를 탐색, 사업 제휴를 제의한다. 반대로 서비스 업체에서 전국적인 네트워크망을 보유하고 있는 편의점 업체들에게 제휴 문의를 해오는 경우도 많다. 이 경우 담당 MD들이 사업 타당성과 시장성을 판단한 후 개발 서비스로 낙찰한다.

현재 생활서비스 상품 가운데 이용률이 가장 높은 것은 택배, ATM, 휴대폰/교통카드 충전 서비스, 공공요금 수납 등이다. 현재 이들 서비스 상품의 편의점 보급률은 100%에 가깝다.

편의점 택배 서비스의 장점은 고객들이 24시간 언제든지 원할 때 물건을 맡길 수 있다는 것이다. 일반 택배와 달리 전화 주문 후 배송기사를 기다릴 필요가 없다. 1989년 편의점 도입 당시부터 시행돼 온 ATM(현금자동입출금기) 서비스는 지난해 말 현재 보급률이 82.7%에 달할 정도로 대표 서비스로 정착했다. 휴대폰/교통카드 충전도 소비자들이 애용하는 인기 서비스다. 휴대폰 보급이 일반화된 우리 실정에 맞는 서비스이며, 기기도 저렴해 거의 전점에서 취급하고 있다. 1997년 처음 도입된 공공요금 수납 이용률도 꾸준히 증가하고 있지만, 일본에 비해서는 아직 못 미치는 수준이다. 일본 편의점에서는 가스/전기요금은 물론 지방세와 인터넷 쇼핑 대금까지 받고 있다.

고객 인지도 확산 시급

이 밖에도 편의점 업계는 현대인들의 라이프스타일에 맞춰 철도/항공/영화 티켓 발매, 보험료 수납, 잉크 충전, 꽃 배달, 컬렉트콜, 휴대폰 로밍 서비스 같은 다양한 서비스를 개발, 보급하고 있다.

이렇게 개발된 서비스 상품을 각 편의점 매장에 널리 보급하기 위해서는 무엇보다 고객 인지도를 확산시켜야 한다. 고객들에게 제대로 홍보되지 않으면 아무리 좋은 서비스라도 빛을 바랜다.

편의점에서 모든 것을 해결할 수 있는 일본과 달리 우리나라에서는 생활서비스 확산속도라 더딘 편이다. 하지만 1만점 돌파로 소매업체의 큰 축으로 우뚝 선 편의점이기에 향후 생활서비스 분야의 전망이 밝다고 할 수 있다.

▮ 자료원 : 리테일 매거진, "서비스 업체 편의점 유통망을 이용하다", 2007년 8월, pp.94-97의 내용을 발췌 정리함.

issues analysis

위 내용은 입지 선정이 핵심 성공요인인 서비스업체들이 독자적인 입지를 구축하지 않고, 기존에 이미 구축된 다른 유통망과 제휴를 통해 그 입지를 활용하는 사례이다. 위 사례에서는 개방형 유통구조를 가지고 있는 편의점을 택배회사와 ATM이 효과적으로 활용하고 있다. 입지선정은 물류비와 분리해서 생각할 수 없다. 때문에 고객에 대한 서비스 수준이 약화되지 않는다면 기존 유통망을 이용하는 것이 매우 효율적이라 할 수 있다.

제9장

공급체인관리 관련 사례

9 _ 공급체인관리 관련 사례

case 9-1

Children's Place의 Cross Docking

Children's Place는 갓난아이부터 10살까지의 어린이들을 위한 의류에 전문성을 가지고 있는 기업으로, 가치 있는 가격과 고품질의 옷을 직접 디자인하여 제작하고 있으며, 'The Children's Place'와 'Disney Store'란 브랜드를 가지고 있다. 2008년 4월 말 기준으로 909개의 'The Children's Place' 매장을 가지고 있고, www.childrensplace.com이라는 인터넷쇼핑몰을 운영하고 있다.

주요 판매상품은 배내옷, 남 · 여 유아복, 남 · 여 아동복, 신발 등이며 전 세계에 배송되고 있다. 때문에 전 세계적인 공급체인관리가 중요한

데, Children's Place는 공급체인 관리 중 Cross Docking이 유명하다.

Children's Place의 물류센터 인수 장소에 도착한 상품은 75%가 저장 창고와 집하 및 포장 지역을 경유하여, 불과 몇 시간 안에 바로 출하장소로 이동한다. 이는 Cross Docking 때문에 가능한데, Children's Place에서 Cross Docking이 효과적인 이유 중 하나는 이 회사가 취급하는 브랜드의 100%가 자사 브랜드이며, 상품의 80%가 아시아에서 생산되기 때문이다.

이러한 국제적인 아웃소싱은 상품 인수시 통제를 필요로 한다. 통제의 예를 들어 보면, 공급업체에게 상품을 단품, 색깔, 그리고 사이즈별로 상자를 포장해야 한다는 것을 들 수 있다.

Children's Place는 크로스도킹의 성공을 주로 공급업체와의 관계구축, 개방적인 의사소통과 관련 있다고 보고 있다. 이러한 철저한 관리를 통해 가득 채워진 컨테이너를 매일 받고도 사전 출하통지서를 사용하여

도착 상품의 99%를 정확하게 예측할 수 있는 것이다.

컨테이너가 인수 장소에 도착할 때, 크로스도킹은 고속 기어 안으로 이동한다. 상품이 컨베이어 벨트 위에 놓여지고, 적합한 선적라벨이 자동으로 부착된다. 박스는 자동으로 분류되고, 적합한 선적장소로 보내지는 것이다.

Children's Place가 크로스도킹을 도입할 때, 핵심적인 부분은 United Parcel Service[UPS]와의 제휴에 있다. 일단 상품이 선적될 준비가 되면, 이들은 트럭에 실려 UPS 시설로 이동된다. 거기서 상자들은 지역과 우편코드별로 분류되고, 3일 안에 배달된다.

여러 상점에 동시 도착해야 하는 완전한 상품패키지를 요구하는 패션상품의 경우 단기간 보관시에 이 UPS를 이용한다. 일단 전체가 모이면 발송 날짜가 정해지고, 그 다음날 모든 점포에 완전 상품 패키지가 배달되는 것이다.

▍자료원 : www.childrensplace.com 자료와 사실들을 토대로 작성

issues analysis

본 내용은 공급체인관리의 주요 구성요소 중 하나인 크로스도킹에 대한 사례이다. 크로스도킹은 창고나 물류센터로 입고되는 상품을 보관하는 것이 아니라, 곧바로 소매 점포에 배송하는 물류시스템이다. 보관 및 피킹 작업 등을 제거함으로써 물류비용을 상당히 절감할 수 있으며, 입고 및 출고를 위한 모든 작업의 긴밀한 연결을 필요로 한다. 오늘날처럼

해외 직소싱이 유통업계의 트렌드가 된 상황에서는 이러한 Cross Docking 시스템의 구축이 매우 유용하다.

case 9-2

British Airways의 공급사슬 개선

브리티쉬 에어웨이(BA)는 연간 3,610만 명의 승객을 293대의 비행기로 세계 175개의 거점으로 운반하는 세계 최대의 항공수송 그룹이다. 민영화된 전 국영회사는 한결같이 우수한 혁신적 고객서비스를 해 온 것으로 세계에서 가장 쾌적한 항공회사의 위치를 유지하고 있다. 이 전략은 고객, 특히 비행기 탑승 비용이 100만 파운드에 달하는 기업의 임원들을 유치하는 것이다.

하지만 이러한 전략을 위해서는 막대한 비용이 필요했는데, 그 중 고급 기내식을 제공하는 비용이 만만치 않았다. 이에 BA 기내식 서비스는 BA의 고객서비스부문에 있지만 공급사슬관리의 장·단기적 개선에 의해 새로운 목표를 수립했다.

BA 기내식 서비스는 런던의 Heathlow 공항과 Gatwick 공항을 거점으로 하는 제3자 물류업체(3PL)의 기내식 서비스회사 및 세계 각지의 BA 공급기지를 경영하고 있는 150개의 중소기내식 서비스회사가 연간 4,400만 명분의 식사를 BA에 제공하고 있다. 런던에서만 연간 250톤의 닭고기와 73톤의 계란, 38,000상자의 와인과 샴페인이 소비되고 있다.

BA기내식 서비스는 부패하기 쉬운 것은 취급하지 않지만 제공하는 식사나 도기류, 유리제품, 플라스틱제품, 담요, 부패하지 않는 건조식품을 포함한 식사 이외의 것에 대한 품질향상을 관리하고 있다. 그리고 식사를 비행기로 수송하고 적재하기 위해 필요한 기구에 대해서도 함께 관리하고 있다. 전체적으로 보면 점보기 한 대가 이륙할 때마다 공급사슬로 취급되어지는 것은 4만여 품목이나 된다.

새로운 재고관리시스템은 BA 기내식 서비스의 물류 개선으로 비약적인 변화를 일으켰지만, 실천과 도입에는 긴 시간이 필요했다. 한편 단기간으로 업무효율을 개선하고 보다 합리적으로 순조롭게 혁신해 가기 위해서는 3가지 주요 계획이 작성되었다. 계획의 목적은 공급사슬의 버려지는 시간을 없애고 제휴업자와의 협력관계를 개선하면서 서비스와 비용과의 근본적인 불균등을 시정하는 것에 있었다.

첫째는 리드타임의 단축이다. 신속한 대응에 의한 백업서비스와 함께 배송의 빈도, 정확성 및 확실성을 높이는 것으로 기내식 서비스업자는 완충재고를 삭감할 수 있게 되고 비용이 드는 보관 공간을 갖지 않도록 했다. 그 결과, 식품조달활동의 수익을 높이는 것이 가능해졌다. 처음 3개월간 서비스수준은 개선되고 잉여재고를 소비하는 것으로 100만 파운드에 달하는 절감을 이루었다. 장기적으로 중요한 점은 공급사슬의 리드타임, 정확성 및 BA기내식 서비스 자료 관리팀의 지불비용 3가지가 연결된 것이 증명되었다. 또 비용 삭감을 함에 있어서 서비스 수준이나 자료 관리팀의 운용, 보다 세련된 공급사슬 관리시스템의 새로운 구축 등을 할 필요가 없었다는 것도 증명되었다.

BA사는 Industry Mathmatics 인더스트리 매스매틱스사의 ESS시스템 등의 새로운 지원시스템을 도입하기도 하였다. 새로운 시스템은 더 넓어진 BA기내식 서비스의 공급사슬 프로젝트의 핵심이 되었고 5년간 약 5천만 파운드의 경비 삭감을 목표로 삼았다. 그리고 이 시스템은 기능상에서도 효과가 높기 때문에 효율을 높인다는 의미에서도 잠재적 부가가치를 갖고 있다.

ESS시스템에 의해 BA의 생산성관리와 특별 클럽 데이터베이스라고 하는 BA기내식 서비스의 두 가지 공급사슬 계획체계를 양자의 균형을 잡아가며 통합하는 것이 가능하게 되었다. 주요 공급업체를 이 시스템으로 통합하고 승객 예약숫자에 따라 재고를 보유하는 것으로 BA기내식 서비스는 재고보유를 최적으로 하고 출발지, 비행편, 그리고 실제 탑승 인원별로 재고관리를 가능하게 한다. 이러한 시스템이 비식품까지도 적용되기 위해 고객의 기호에 평소 이상으로 대응하여 고객서비스를 재정하도록 하고 있다. 특별 클럽의 골드카드 멤버는 자신이 좋아하는 와인잔이나 특정 잡지에 의해 환대 받고 있다는 것을 확신할 것이다.

또 한 가지 중요한 점은 이 시스템에 의해 BA는 서비스의 실질비용을 정확하게 파악하여 장래의 서비스 혁신 방향과 수요를 어떻게 관리해 갈 것인가를 보다 폭 넓고 보다 정확하게 계획하는 것이 가능해졌다는 것이다.

▌자료원 : 신건철 외(2004), 국제물류, 무역경영사, pp.132-133의 내용을 발췌 정리함.

issues analysis

본 내용은 항공사의 기내식 공급체인 관리에 관한 사례이다. 본 사례에서 British Airways사는 공급사슬의 버려지는 시간을 없애고 제휴업자와의 협력관계를 개선하면서 서비스 수준은 높이고, 비용은 절감하는 성과를 내었다. 특히, 신속한 대응에 의한 백업서비스와 함께 배송의 빈도, 정확성 및 확실성을 높이는 것으로 기내식 서비스업자는 완충재고를 줄였고, ESS시스템에 의해 생산성관리와 서비스의 두 가지 공급사슬 계획체계를 통합하였다.

최근 국내 유통업체들은 공급체인관리를 통한 비용절감에 많은 관심을 가지고 있다. 위 사례를 통해 보았을 때, 무엇보다도 조달시간을 단축하고, 공급업체와 협력관계를 강화하기 위한 노력이 중심이 되어야 할 것이다.

case 9-3

때로는 Extranet 보다 인터넷 메일이 효과적

1968년 미국 San Francisco에서 탄생한 Esprit은 전 세계 40개국, 640개 이상의 독립점포와 12,000개 이상의 도매 고객을 가지고 있으며, 여성과 남성과 어린이를 위한 20,000개 이상의 상품을 매년 만들어내는 세계적인 패션회사이다.

이 Esprit은 글로벌 소싱으로 유명한데, 이를 위해서는 전 세계 공급업체와의 원활한 커뮤니케이션이 무엇보다도 중요하다.

그런데 재미있는 것은 최근 많은 기업들이 전자자료교환EDI을 위해 VANvalue added network 대신에 익스트라넷 시스템extranet system을 사용하고 있지만, Esprit은 외국 상품의 출처를 명시하는데 도움을 주기 위해 단순한 인터넷 메일을 사용하고 있다. San Francisco에 있는 Esprit 본사에서 홍콩, 중국, 인도네시아에 있는 공급업체에게 회사의 패턴과 사양에 관한 정보를 인터넷 메일로 알린다. 인터넷 메일의 사용으로 인해, Esprit은 200달러 이하의 비용이 들게 되었고, 공급업체는 어떠한 비용도 들지 않게 되었다. 아울러 시장 출하시간이 개선되었고, 정확성도 향상되었다.

Esprit의 상품은 전 세계의 다양한 기업으로부터 오기 때문에, 때때로 의사소통이 문제가 될 수 있다. 그러므로 인터넷 메일을 사용하기 이전에는, 해외 공급업체에게 회사의 패턴과 세세한 사항들을 알리는데 상당한

비용이 들었다. 종종 언어문제는 상황을 악화시키기도 했다. 이러한 문제의 해결을 위해 Esprit은 공급업체가 쉽게 인식할 수 있는 표준 형태와 그림, 도형들을 이용한 지시문을 적극적으로 사용하기 시작했다.

일반적으로 공급업체는 인터넷 메일을 열어보고, 몇 시간 안에 이와 관련된 모든 사람에게 동일한 인터넷 메일을 재발송한다. 공급업체는 인터넷 메일을 받은 즉시 대응하게 된다. 매일 매일 홍콩과 중국의 패턴들이 인터넷을 통해 홍콩 본사를 거쳐 공장으로 전달된다.

▌자료원 : www.esprit.com의 내용, 보도자료, 알려진 사실들을 근거로 작성

issues analysis

본 내용은 공급체인관리의 성공을 위해 가장 중요하다고 할 수 있는 공급체인 구성원 간 커뮤니케이션에 관한 사례이다. 본 사례에 나오는 Esprit은 전 세계의 공장에서 생산한 상품들을 전 세계에 있는 매장에서 판매하고 있기 때문에 그 어떤 기업보다도 공급체인관리가 중요하다고 할 수 있다. 사례에서 Esprit은 EDI를 위해 많은 기업들이 사용하고 있는 익스트라넷 대신에 인터넷 이메일을 이용하고 있는데, 이는 단순히 비용절감을 위해서라기보다는 Esprit의 글로벌 생산-글로벌 유통전략을 효과적으로 수행하기 위함이라 할 수 있다.

case 9-4

고객의 시간을 아껴주는 Streamline

미국 Massachusetts주의 Westwood에 본사를 두고 있는 Streamline은 바쁜 가정들에게 편의를 제공하기 위해 1993년 설립된 가정배달 회사이다. 바쁜 직장인들처럼 시간에 쫓기는 사람들은 집에서 쇼핑하는 것이 큰 도움이 될 수 있다. 오늘날과 같은 정보기술 시대에는 신용카드와 마우스만으로 식품에서 자동차까지 다양한 상품의 주문이 가능하다.

한가지 상품만을 배달해 주는 회사는 많지만, 신선한 식품과 함께 미리 조리된 저녁 식사와 일주일 분량의 드라이클리닝, 대여 가능 DVD 등을 한꺼번에 배달하는 회사는 드물다. 그리고 Streamline만큼 그 일을 잘 하는 회사는 더 드물다.

Streamline의 차별화 전략은 배달 시스템에 있다. 모든 Streamline 고객들은 개별 창고 내에 저장고를 가지고 있으며, 이곳으로 주문한 물품들이 배달된다. 고객의 차고에 비치된 이 저장고에는 모든 물품들이 적당한 온도에 보관될 수 있도록 냉장고와 냉동고, 그리고 저장 공간이 갖추어져 있다.

Streamline의 고객들은 상품의 종류를 결정할 때 같이 참여한다. 배달이 느린 품목은 제거되고, 제공된 제품들은 그 신선함이 유지되도록 끊임없이 검토된다. Streamline사의 식품 목록에는 대략 1만개의 품목이 있는데, 불과 몇 년 전만해도 3천개 안팎에 불과하였다. Marquee 상표에는 여섯 종류의 스타벅스 커피, 15종류의 신선한 베이글, 베이커리 품목,

그리고 육류가 포함되어 있다.

다른 식품업체들은 독신과 일반 가정을 위한 조리된 음식과 어린이 음식을 제공하고 있다. 하지만 Streamline은 드라이클리닝, 사진인화, 그리고 DVD대여 서비스를 제공한다. 배달 기본요금은 한 달에 30달러이며, 여기에 구매된 가격이 추가된다.

Streamline의 서비스 중 한 부분으로 이 회사는 DRO(don't run out) 프로그램을 갖추고 있다. 각각의 개인 쇼핑 목록에는 가족이 항시 필요로 하는 특정 제품을 포함한 대략 175개의 품목이 있으며, 많을 때는 250개까지 오를 수 있다. 이런 상품들은 필요에 따라 1주에서 12주까지의 주기로 주문되며, 이들은 매주 주문하지 않아도 자동적으로 주문되는 상품들이다. 상품구매의 80%가 계속 보충되는 것들이기 때문에 고객들에게 바나나나, 뼈와 껍질이 없는 닭갈비, 사과 등의 품목은 필수품이라 할 수 있다.

issues analysis

본 내용은 고객의 시간을 절약해 주면서 편의성을 극대화하기 위해 노력하는 배달업체 streamline에 관한 사례이다. 본 사례에서 streamline은 고객이 원하는 상품구색을 갖추기 위해 지속적으로 노력하였고, 고객이 원하는 상품이, 원하는 때에, 원하는 장소로 매번 주문하는 번거로움 없이 배달되게 하였다. 이처럼 공급체인관리 또는 물류관리의 가장 궁극적인 목표는 고객의 만족을 극대화하는 것이라 할 수 있다. 그리고 이는 곧 차별적인 경쟁력이라 할 수 있다.

제10장

인사 및 조직관리 관련 사례

case 10-1 Nordstrom이 앞서가는 이유는 종업원에 있다

case 10-2 The Gap의 판매원 평가 기준은 다르다

case 10-3 일하고 싶은 회사가 매출도 높다

10 _ 인사 및 조직관리 관련 사례

case 10-1

Nordstrom이 앞서가는 이유는 종업원에 있다

1901년 John W. Nordstrom에 의해 미국 Seattle에 설립된 Nordstrom 백화점은 현재 미국과 유럽을 중심으로 190여개의 매장을 운영 중에 있는 세계적인 백화점업체이다. Nordstrom은 5만 명이 넘는 종업원을 보유하고 있으며, 이들에 대한 HRM(human resource management)이 우수하기로 유명하다.

Nordstrom의 사명은 "최고의 서비스, 품질, 가치를 고객에게 제공하는 것"이고, 고객을 기쁘게 하기 위해서 무엇이든지 해야 한다는 전사적으로 공유된 가치관을 가지고 있다. 이를 "고객 봉사주의(a commitment to service)"라고 표현하기도 한다. 자, 이제 이러한 고객 봉사주의를 실천하기 위한 Nordstrom의 HRM 전략을 살펴보자.

좋은 종업원 선발은 첫 단추를 잘 꾀는 것

Nordstrom은 아무리 교육을 잘 시켜도 사람 자체는 바꿀 수 없다고 생각한다. 때문에 종업원 선발 시 Nordstrom에 꼭 맞는 사람을 선발하는 것을 가장 중요하게 생각한다. 여기서 꼭 맞는 사람이란 업무수행능력이 아닌 개인의 성격이나 특성 등과 관련된 것이다. 예를 들어, 유통업은 고객과 만나는 직업이므로 사람 만나기를 좋아하고, 다른 사람을 기쁘게 하는데 익숙한 사람이면 Nordstrom이 좋아하는 스타일이다. 다음은 Nordstrom의 인재채용 공고에 있는 Nordstrom에 필요한 인재상이다.

『인재를 찾습니다.
우리는 새로운 매장에서 우리와 함께 일할 사람들을 찾고 있습니다.

판매사원, 그리고 그들을 도와줄 사람. 이끌어 갈 인재와 따라 갈 인재
자신의 일에 자부심을 갖고 열심히 일하는 사람
자신을 소중히 여기고 남을 기쁘게 해주는 사람
정직하고 성실하며, 배려심이 있는 사람
자신의 성공뿐 아니라 남의 성공도 바라는 사람
비전이 있고, 성취하는 삶을 살아 갈 사람』

Nordstrom은 이렇게 해서 선발한 종업원에 대해 기본적인 상품지식과 POS Point of Sale 사용법만을 습득시킨 후 바로 현장 점포로 배치한다. 오랜 기간 교육훈련을 시킨 후 현장에 배치하는 우리나라 유통업체들과는 다르다. Nordstrom은 현장 교육을 통한 실전 경험이 가장 효과적인 교육이라고 믿기 때문이다. 종업원들은 직접 경험을 통해 업무에서 필요한 지식을 습득하고, 해야 할 일과 하지 말아야 할 일을 스스로 판단하게 된다.

종업원의 충성심을 높이는 내부승진제도

Nordstrom은 자신들의 기업문화가 매우 독특하다고 생각한다. 때문에 Nordstrom의 기업문화를 잘 알고 있는 사람, 즉, 내부직원을 관리자로 승진시키는 내부승진제도를 가지고 있다. 이러한 내부승진제도는 종업원들에게 많은 기회를 제공해 주고 있다. 현재 Nordstrom의 회장인 John J. Whitaker도 1976년 신발 영업사원으로 입사하였다.

이처럼 Nordstrom의 내부승진제도는 종업원들에게 많은 기회를 제공하는 한편 치열한 경쟁과 이로 인한 스트레스를 유발한다는 단점도 있다. 때문에 상급자가 될 수록 이직률이 줄어들지만 신입사원의 절반 정도가 1년 이내에 회사를 그만둔다.

수직적 조직이 아닌 수평적 조직

Nordstrom 조직구조의 특징은 수평적 조직구조라는 점이다. 다시 말해 매장 관리자로부터 회장에 이르기까지 조직 구성원 모두가 일선 판매사원을 지원하기 위해 존재한다는 점이다. 고객 봉사주의를 가지고 있는 Nordstrom은 최일선에서 고객에게 서비스를 하는 판매사원(일명 'Nordies')들을 가장 중요하게 생각하고 가장 높게 생각한다. 이는 현장 판매사원들이 고객에 대한 서비스를 제대로 하게 하기 위해서는 그들에게 합당한 지원과 대우를 해주어야 하기 때문이다. 상의하달식의 전통적 피라미드 조직으로는 고객 서비스를 성공적으로 제공하기 어렵기 때문에 Nordstrom은 수평적 조직구조를 조직 관리의 기본으로 삼고 있다.

이러한 수평적 조직구조에서 가장 강조되어야 할 것은 판매 사원들에 대한 권한위임(empowerment)이다. 권한위임은 고객을 만족시키기 위해 필요한 권한과 자원을 현장 판매사원에게 위임하는 것이다. Nordstrom은 이러한 권한위임을 철저히 하고 있고, 이는 창업자인 John W. Nordstrom 때부터 직무규정을 통해 지켜져 왔다. Nordstrom에서는 '상급자와 상의해 봐야 한다'는 말을 들을 수 없다. 이러한 권한위임이야말로 Nordstrom의 오늘날을 있게 한 원동력이자 Nordstrom 기업문화의 핵심이라 할 수 있다.

Nordstrom의 조직문화

• Nordstrom에서 우리 종업원과 그들이 가지고 있는 서비스에 대한 열정이 모든 차이를 만든다(Here at Nordstrom, our people and the passion they have for service make all the difference).

• 우리는 가족이다. Nordstrom은 가족 사업으로 시작했고, 우리가 지금 큰 사업이긴 하지만 Nordstrom 가족이 여전히 활동적으로 사업에 관여하고 있다. 우리는 가족처럼 우리의 공유된 경험들을 소중히 여기고, 성취한 것을 축하하며, 서로 간에 감사하는 것을 계속하고 있다(We're family. Nordstrom began as a family business and while we're now publicly traded, the Nordstrom family is still actively involved in the business. We continue to cherish our shared experiences, celebrate our achievements and appreciate one another—just like family).

• 좋은 쪽으로 판단하라. 우리는 서로 서로 상대방의 성실함과 능력을 믿는다. 우리가 가진 단하나의 규칙은 모든 상황에서 좋은 쪽으로 판단하는 것이다(Use good judgment. We trust one another's integrity and ability. Our only rule: Use good judgment in all situations).

• 권한을 가져라. 고객에게 더 나은 서비스를 하고 싶은가? 제안을 내놓게 하고 싶은가? 뭔가 새로운 것을 시도하게 하고 싶은가? 우리는 당신이 주도권을 갖기를 원하고 규정에 없는 서비스를 하도록 지원할 것이다(Be empowered. Want to go above and beyond for a customer? Make a suggestion? Try something new? We want you to take the initiative and we'll support your efforts to deliver exceptional service).

• 목표를 설정하는 것이 중요하다. 그리고 우리는 그것을 가장 높게 설정한다. 여기 Nordstrom에서 우리는 당신의 성공을 결정할 수 있고, 당신이 세운 목표를 달성함을 통해 실질적인 차이를 만들 수 있다(Setting goals matters. And we set ours high. Here at Nordstrom, you can determine your own success and make a real difference by accomplishing the goals you set).

• 당신의 사업이다. 우리의 종업원들은 우리 회사의 성공에 대해 개인적인, 재정적인, 직업적인 이해관계를 가지고 있다. 우리는 당신이 당신

의 경력을 소유하는 것을 장려하고 있다(It's your business. Our employees have a personal, financial and professional stake in the success of our Company. Here, you're encouraged to take ownership of your career).

• 건강한 경쟁은 좋다. 그리고 우리는 승리를 사랑한다. 만약 당신이 높은 에너지와 경쟁적인 팀 환경 속에서 성공한다면, 당신은 그것을 사랑할 것이다(Healthy competition is good. And we love to win. If you thrive in a high-energy, competitive team environment, you'll love it here).

• 정직하라. 우리는 개방적이고, 정직하고, 정중한 의사소통에 가치를 둔다(Be honest. We value open, honest and respectful communication).

• 인정받으라. 우리는 결과를 유도하는 사람들에 가치를 두고 있고, 당신이 고객에게 서비스를 하는 사람이건 아니면 그들을 지원하는 사람이건 관계없이 우리는 뛰어난 성과에 대해 정기적으로 인정한다(Be recognized. We value people who drive results and we regularly recognize outstanding performance—whether you're serving customers or supporting those who do).

• 좋은 이웃이 되라. 우리 회사와 우리의 종업원들은 사회공헌, 복지 프로그램, 특별한 이벤트, 그리고 자원봉사활동 등을 통해 수많은 커뮤니티 조직들을 지원하고 있다(Be a good neighbor. Our Company and our employees support hundreds of community organizations through contributions, outreach programs, special events and volunteerism).

• 친절하라. 우리는 여전히 이 골든 룰이 많은 장점이 있다고 믿는다. 당신이 대우받고 싶은 대로 다른 사람을 대우하라. 우리는 각각의 모든 고객들에게 최상의 서비스를 제공하기 위해 열심히 일하고, 우리는 그것이 동료들을 포함한 모든 사람들에게 예의를 보이는 것에서부터 시작한다는 것을 믿는다(Be kind. We still believe the golden rule has a lot of merit: Treat others as you'd like to be treated. We work hard to offer each and every customer great service and we believe it begins with showing courtesy to everyone, including our coworkers).

• 즐겁게 일하라. 패션은 자기표현의 가장 진실한 형태 중 하나이다. 패션은 창조적이고, 칼라 풀하며 제한이 없다. 만약 당신이 패션에 열정적이라면 이곳이 당신을 위한 장소이다(Have fun. Fashion is one of the truest forms of self-expression. It's creative and colorful and totally limitless. If you're passionate about fashion, this is the place for you).

진실된 우리의 문은 언제나 열려 있다. 아이디어가 있는가? 무엇인가 말하고 싶은가? 만약 그것이 당신에게 중요하다면 우리는 언제든지 듣고 있다. 여기서 일하는 모든 사람들이 가치 있게 대접받고, 환영받고 있다고 느끼는 것이 우리에게 중요하다. 그리고 만약 당신이 위대한 아이디어를 가지고 있다면 우리는 그것에 대해 듣기를 갈망한다(Our door is always open. Have an idea? Want to talk? If it's important to you, we're listening. It's important to us that every person who works here feels valued, welcome and cared for. And if you've got a great idea, we want to hear about it).

issues analysis

위 내용은 성공적인 인적자원관리로 대표적인 Nordstrom의 인적자원관리에 대해 보여주는 사례이다. 유통업체는 고객과 접하고 있는 종업원들이 어떻게 하느냐에 따라 기업의 흥망이 좌우되는 정도가 크다. 이런 점에서 종업원들이 고객들에게 보다 나은 서비스를 제공하게 동기 부여하는 것은 유통업체의 관리자 입장에서 매우 중요하다 할 수 있다. 일반적으로 종업원의 동기부여는 방침과 감독, 인센티브, 조직문화에 의해 가능한데, 위 사례에서 Nordstrom은 조직문화를 통해 종업원이 열심히 일할 수 있는 동기부여를 한다는 점에서 앞서 간다고 할 수 있다.

case 10-2

The Gap의 판매원 평가 기준은 다르다

유통업체의 종업원들은 자신이 해야 하는 일과 회사가 기대하는 성과, 그리고 평가방식에 대해 알고 있을 때 진정한 의미의 평가를 받았다고 생각한다. 다음 표는 The Gap의 종업원 평가 기준을 보여주고 있다.

The Gap 종업원들의 종합적인 평가는 점포 관리자와 부관리자의 주관적인 평가로 이루어진다. 종업원과 고객간의 일대일 관계와 매장의 종합 실적을 동등하게 취급한다. The Gap의 종업원들은 매장의 종합실적을 강조하는 The Gap의 평가기준 때문에 하나의 팀으로 협동하며 일하는 것을 중요하게 생각한다.

[The Gap의 판매원 평가 기준]

평가 항목	비 중	세부 내용
판매원 | 고객 관계	50%	• 인사 -웃으면서 1-2분 이내에 친절한 태도로 접근할 것 -긴 대답을 유도할 수 있는 질문을 사용할 것 • 상품지식 -상품관련 정보를 표현하고 고객에게 전달할 것 • 부가적인 상품제안 -탈의실이나 계산대, 포장대로 고객에게 직접 접근할 것 • 구매요청과 의사결정 강화 -고객이 현명한 선택을 한 것을 알게 하고, 해당 선택에 감사하게 할 것

영 업	25%	• 점포 외관 -진열공간, 테이블 위 상품들의 조화, 바닥장식, 벽장식에 대해 세심하게 장식할 것 -점포를 대표하는 기준들을 유지하기 위해 솔선수범할 것 • 손실방지 -손실 방지 절차를 적극적으로 이행할 것 • 상품기획통제 및 관리 -가격조정활동, 배송과정, 재고통제와 관련된 요구사항들을 일관성 있게 달성할 것 • 계산/포장절차: 모든 계산/포장절차를 정확하고 효율적으로 수행할 것
순 응	25%	• 복장 및 용모 -유니폼 규정을 준수하고 말끔하고 단정하게 보일 것 -패션 감각이 있는 The Gap의 이미지를 표현할 것 • 유연성 -한 가지 작업에서 다른 작업으로 전환할 수 있고, 일정 조정에 개방적일 것 -점포정책을 우선시하는 마음을 가질 것 • 동료관계 -다른 종업원과 협력적일 것 -관리자의 지시를 적극적으로 수용하여 관리자와 의사소통을 할 것

issues analysis

위 내용은 유통업체의 종업원들에 대한 인사평가 기준이 어떠해야 하는지를 보여주고 있는 사례라 할 수 있다. 사례에서 The Gap은 단순히 영업활동을 얼마나 잘 했는지를 가지고 판매원을 평가하지 않고, 고객과의 관계를 가장 중요시하고 있으며, 조직과 동료관계에 대한 순응정도도 고려한다는 점에서 차별적이라 할 수 있다. 특히, The Gap은 각각의 평가기준에 세부적인 행동지침까지 제시함으로써 종업원들이 더 좋은 평가를 받기 위해 어떻게 해야 하는지를 명확히 하고 있다. 뿐만 아니라 개개인의 성과보다는 조직 전체의 성과에 따라 보상을 받게 함으로써 조직을 위해 희생하게 하는 마음도 갖게 하고 있다.

case 10-3

일하고 싶은 회사가 매출도 높다

Sears는 소비자들이 백화점과 전문점에서 유행하는 상품을 구입하기 위해 쇼핑몰로 가고 있고, 자동차배터리, 하드웨어, 가전제품을 구입하려 할 때는 카테고리 킬러를 이용하기 때문에 어려움을 겪었다.

이에 Sears는 방향전환을 위한 전략개발 노력의 일환으로 CEO의 지휘 하에 다섯 가지 task force team(고객, 종업원, 재무성과, 혁신, 가치)을 구성하였다. 회사 내부와 외부에 모두 이런 새로운 방향을 분명하게 전달하기 위해 Sears는 쇼핑할 수밖에 없고(compelling place to shop), 일할 수밖에 없으며(compelling place to work), 투자할 수밖에 없는(compelling place to invest) 회사라는 세 가지 C를 자사의 목표로, 그리고 고객에 대한 열정(passion for the customer), 가치 있는 인력(people added value), 성과창출을 위한 리더십(performance leadership)이라는 세 가지 P를 핵심 가치로 채택했다.

Sears는 판매 종업원을 대상으로 연수 기회를 늘리고, 유통경영학과 자사의 전략에 대한 종업원들의 지식을 향상시키기 위해 학습지도와 점포 내에서 매월 이를 위한 미팅을 가지도록 했다. 또한 관리자를 교육시키기 위해 Sears 대학을 설립하고, 성과기반의 재무 및 비재무 보상을 강조하는 성과보상 시스템을 개발하였으며, 하위 계급자와 관리자로부터의 피드백을 포함하는 360도 성과 평가 시스템을 구축하는 등 회사를 일할 수밖에 없는 장소로 만들기 위한 많은 인적자원 관리 프로그램을 시행했다.

Sears는 또 각각의 세 가지 C의 성취 정도를 측정하기 위한 프로그램도 수행하였다. 척도 사이의 관계를 분석함으로써 Sears는 종업원 만족도 측정에서 5포인트를 향상시켰고, 이는 고객만족도 척도에서 1.3포인트의 향상을 가져왔다. 그리고 이는 매출성장의 0.5% 증가로 이어졌다. 따라서 회사를 일하고 싶을 수밖에 없는 곳으로 만들기 위한 Sears의 노력은 고객만족도와 재무성과를 모두 향상시켰다.

issues analysis

본 사례는 종업원들의 직무만족도를 개선함으로써 극심한 실적부진을 극복한 Sears의 사례를 보여주고 있다. Sears는 실적이 부진했을 때, 문제 해결의 시작점을 종업원에서 찾았고, 종업원들이 일하고 싶은 회사로 만들기 위한 노력을 하였다. 이를 위해 종업원 교육과 복지를 강화하였다. 그 결과 종업원의 직무만족도가 높아졌을 뿐 아니라 재무성과의 향상까지 이루었다. 일반적으로 유통업체들은 실적이 부진할 경우 인력을 감축하고, 종업원에 대한 복지 수준을 낮추는 경향이 있는데, 이는 자칫 종업원의 직무만족도를 낮추어서 오히려 더 큰 실적부진으로 이어질 수 있다. Sears의 사례는 이에 대한 좋은 본보기라 할 수 있다.

제11장

머천다이징 관련 사례 Ⅰ: 상품구색

11 _ 머천다이징 관련 사례 I : 상품구색

case 11-1

JCPenney의 여성의류 머천다이징

미국의 JCPenney는 백화점, 카탈로그, e-커머스 사업을 병행하고 있는 유통업체이다. 세계적인 어패럴, 인테리어, 그리고 가구 쇼핑몰로도 유명한 JCPenney는 아동용품에서부터 가구, 욕실용품, 게임기, 전자제품 등 거의 모든 카테고리 제품들을 취급하고 있다. 특히 JCPenney 백화점은 표적유통전략을 잘 수행하기로 유명한데 그들에 의하면 여성의류 시장은 크게 다섯 가지 범주로 세분화된다. 보수형, 전통형, 유행추구형, 가교형, 그리고 디자이너 혹은 패션 지향형 집단이 그것들이다. 예를 들어, 보수형 세분시장은 가격의식이 가장 높고, 패션 추구에는 가장 둔

감하다. 하지만 디자이너 세분시장은 그 반대이다. 즉, 가격에 대해서는 거의 고려하지 않는 대신 패션과 스타일의 추구성향은 매우 높다.

JCPenney는 그들의 고객들이 처음에는 이들 다섯 가지 세분시장 중 세가지 시장에 속한다고 한다. 하지만 JCPenney는 전통형 세분시장과 유행추구형 세분시장을 주요 표적시장으로 삼고 있다. 다음 표는 세 가지 세분시장의 크기, 고객들의 가치, 고객들이 추구하는 편익, 인구 통계에 관한 정보를 보여주고 있다.

[세 가지 세분시장의 크기, 고객들의 가치, 고객들이 추구하는 편익, 인구 통계에 관한 정보]

구 분	세분시장 모습		
	보수형 집단	전통형 집단	유행 추구형 집단
규 모	인구의 23% 매출의 16%	인구의 38% 매출의 40%	인구의 16% 매출의 24%
연 령	35-55세	25-49세	25-49세
가 치	보수적 가치 현지위에 만족	전통적인 가치 활동적, 바쁨, 독립적, 자신감, 가족 지향적	현대적인 가치 활동적, 바쁨, 독립적, 매우자신감, 가족 지향적
직 업	유직, 경력 짧음	직업/경력 지향적	직업/경력 지향적
소 득	제한된 가처분 소득	고소득	고소득
추구 편익	가격지향 세일에 민감 관리가 쉽고 편안한 옷 패션에 무관심 가치는 가격〉품질〉패션	품질지향 약간의 추가비용부담 가능 전통적 스타일에 오래 입을 수 있는 옷 새로운 것에 관심 가치는 품질〉패션〉가격	패션지향 의상을 통한 자기표현 색상과 스타일이 새로운 옷 가치는 패션〉품질〉가격

이러한 세분 시장 고객들에 대해 차별화된 머천다이징을 제공하기 JCPenney는 각 점포마다 여러 종류의 부서들을 갖추고 있고, 각 세분시장의 욕구를 만족시키기 위해 여러 가지의 자체상표들을 보유하고 있다. 다음 표는 각 세분시장들을 위해 제공되는 JCPenney의 머천다이징과 소매믹스를 정리해 놓은 것이다.

[각 세분시장들을 위해 제공되는 JCPenney의 머천다이징과 소매믹스]

구 분	차별화된 유통서비스		
	보수형 집단	**전통형 집단**	**유행 추구형 집단**
가 격	최저비용	적정 비용	적정비용 이상
상 품	베이직 스타일 쉽게 관리한 수 있는 재질	전통적 스타일 고품질	패션지향 다양한 구색 편안하고 맞춘 것 같은 옷 새로운 색상
브랜드	Miss Ericka Sag Harbor Cabin Creek	Lee Worthington(career) St. John's Bay Hunt Club	Joneswear Crazy Horse Evan Picone Jacqueline Ferrar
머천다이징 관련 촉진	가격표시 "알뜰구매방법"제시 물건을 쌓아 높은 테이블	잘 코디된 상품 콜렉션 정돈된 디스플레이 전문지식이 있는 판매원	색상 설명서 마네킹 테마 공간

▮ 자료원 : 오세조, 박진용, 김상덕(2009), 소비자 지향적 유통관리, 박영사, pp.52-53 내용을 발췌하여 재작성.

issues analysis

위 사례는 미국 JCPenney 백화점의 의류 상품구색 계획에 관한 내용이다. 상품구색은 무엇보다도 표적고객의 욕구가 가장 중요하며, 그 욕구에 가장 잘 부응할 수 있도록 계획되어야 한다. 특히, 표적고객의 욕구가 다양하기 때문에 대부분의 경우 고객의 구매 욕구를 기준으로 시장을 세분화하고, 세분화된 시장별로 차별화된 상품구색을 제공하는 것이 매우 중요하다 할 수 있다. JCPenney의 경우 고객이 추구하는 편익과 가치에 따라 상품과 가격대, 취급 브랜드와 머천다이징 관련 촉진을 일관성과 보완성이 있게 구성하여 시너지를 창출하고 있다.

case 11-2

Curves의 서비스 구색 차별화

Curves는 미국에서 시작된 세계 최대 피트니스 프랜차이즈 기업으로 포화상태인 피트니스 시장에서 기존 헬스클럽과 차별화된 30분 순환 운동 프로그램과 철저한 개인 맞춤형 시스템으로 중, 장년 여성계층을 공략 4시간마다 1개의 가맹클럽을 오픈 기네스북에 등재되어 있으며, 글로벌 베스트셀러 비즈니스 서적 "블루오션 전략"의 핵심성공사례로 소개되어 있는 여성전용 피트니스 클럽 프랜차이즈 기업이다.

매년 500대 프랜차이즈 기업을 선정하는 미창업 잡지 Entrepreneur에서는 종합 3위 글로벌 프랜차이즈(In The Franchise 500) 기업에 선정되었고 월 단위 지출 비용이 낮은 저비용 프랜차이즈(Low Cost Franchise) 기업으로 7

년 연속 1위, 피트니스 산업분야(Fitness Business Franchise) 1위, 고성장 프랜차이즈(Fastest Growing Franchise) 기업 5위에 선정되었다(2006년기준).

Curves의 탄생배경을 살펴보면 설립자인 Gary Heavin은 여성들의 삶을 건강하고 행복하게 만들고 싶다는 꿈을 가지고 1992년 텍사스 주 할링겐에 첫 Curves 클럽을 열었다. Gary Heavin은 과거 대형 피트니스 클럽을 운영하며 엄청난 성공을 거두었지만 대형시설을 유지하기 위한 비싼 임대료와 운영비로 인해 그의 성공은 물거품으로 변하고 큰 빚을 지게 되었는데, 과거의 실패를 교훈삼아 재기한 그는 대다수의 여성들이 빠르고 효율적이며 편안한 환경에서 운동하고 싶어 한다는 사실을 깨닫고 새로운 형태의 피트니스 클럽을 고안하게 된다. 남성을 위한 운동기구나 샤워 시설을 배제하여 운영비와 임대비용을 효율적으로 절감하는 데 중점을 두었으며 여성의 편의와 신체적 특성을 철저히 고려한 "30분 순환운동" 프로그램을 개발하였다.

여성만을 위한 새로운 콘셉트의 피트니스 클럽은 회원들의 열렬한 지지를 바탕으로 미국 내 헬스클럽 4개중 하나를 차지할 정도로 눈부신 성장을 이루었고 현재 전 세계 73개국 10,680개 클럽에서 430만 여성 회원들의 삶을 변화시키고 있다.

Curves는 운동생리학 분야의 권위대학인 텍사스 베일러 대학에 연간 200만 달러 이상을 투자하여 30분 순환운동의 효과를 과학적으로 증명하고 개선시키고 있으며, 여성들이 서로를 격려해주고 보살펴주는 독특한 문화도 만들고 있다. 혼자서는 힘들고 지루한 운동이 서로 격려하고 응원하며 함께하는 Curves의 문화 속에서는 즐겁고 신나는 일이 된다.

Curves는 '노맨(No Man), 노미러(No Mirror), 노메이크업(No Makeup)'을 내세우고 있는데, 여성들이 운동 외에 다른 부분은 신경 쓸 필요가 없도록 운동에 집중할 수 있는 환경을 제공하고 있다. 여성의 신체적 조건을 고려해 여성에게 적합하고 안전한 유압식 기구를 사용하고 있으며, 하루 30분, 1주일에 3번이라는 기본 운동시간을 제시하면서 쉽고 즐겁게 운동할 수 있는 환경을 제공해주어 초등학생부터 노인까지 다양한 연령층의 여성 고객들이 이용하고 있다.

이러한 Curves는 기존 피트니스 클럽의 운동메뉴와는 달리 소위 'Quick Fit'이라는 30분 순환운동이라는 프로그램을 가지고 있는데 원모양으로 배치된 다양한 운동기구들을 순환하면서 모두 경험하게 한다. 이를 통해 근력운동과 유산소운동을 동시에 할 수 있고, 재미있고, 빠르고, 안전하게 운동할 수 있다. 스트레칭 머신까지 있어서 운동 후 스트레칭 마무리 할 수 있다.

일본시장에서 Curves는 진출 6개월 만에 375개의 클럽 가맹계약을 체결하였고, 한국에서는 2006년에 진출하여 2년차에 32개의 클럽을 운영하는 등 한국최대 피트니스 프랜차이즈 체인으로 등극하였다.

자료원 : www.curves.com, www.curveskorea.co.kr

issues analysis

본 사례는 서비스 산업인 피트니스 클럽에서 상품구색 차별화를 통해 성공한 좋은 예이다. 사례를 보면 Curves는 'Quick Fit'이라는 30분 순환 운동이라는 프로그램을 도입하여 기존 피트니스 클럽과 차별화를 추구하였으며 보다 쉽고, 재미있고, 안전하고, 빠르게 운동하고자 하는 여성 고객의 욕구에 부응하였다.

또한 단순히 피트니스 서비스만을 제공하는 것이 아니라 클럽회원 상호간에 서로 격려하고 응원하는 Curves 문화를 창출하고, 제공하면서 메뉴 프로그램에 나와 있지 않은 부가적인 서비스 상품도 제공하고 있다.

이처럼 상품구색은 만질 수 있는 상품들의 유통에서만 중요한 것이 아니라 서비스 상품의 유통에서도 중요하게 다루어져야 한다.

case 11-3

신세계 센텀시티의 지갑을 열게 만드는 머천다이징

부산뿐만 아니라 전국적인 관심을 모은 신세계 센텀시티가 2년 7개월의 공사를 마치고, 지난 3월 3일 그랜드 오픈했다. 신세계 센텀시티는 프리오픈 이틀 매출을 포함해 개점 첫날 81억 원의 매출을 올렸고, 3월 1일에서 15일 진행된 오픈 행사기간 내점 고객 120만명에 매출액은 350억

원을 기록하며, 일단 성공적으로 데뷔했다는 반응이다.

신세계 센텀시티는 국내 최대 규모의 백화점(83,042m^2), 엔터테인먼트 시설(43,405m^2)을 주요 시설로 하는 국내 최대 규모의 복합 쇼핑몰이다. 루이비통 등 7개 명품 브랜드의 플래그십(flagship) 스토어, 나이키 메가숍 등 글로벌 브랜드의 메가숍 도입과 스파랜드를 비롯한 골프레인지, CGV 영화관, 아이스링크, 트리니티 스포츠클럽, 교보문고 등 부대시설을 통해 '체류형 쇼핑 공간'을 실현했다. 이를 통해 신세계 센텀시티는 쇼핑과 휴식, 먹을거리, 놀거리, 즐길 거리가 가득하게 만들어 많은 사람들을 방문하게 만들었다.

하지만 신세계 센텀시티가 성공적으로 데뷔하게 된 가장 중요한 요인은 머천다이징에 있다고 할 수 있다. 소위 말하는 '지갑을 열게 만드는 MD'가 바로 그것이다. 구체적으로 말하면 1층 화장품 매장에는 없는 브랜드가 없을 정도로 총 39개의 부산 지역 내 최다 화장품 브랜드를 선보인다. 또 세계적인 명품 브랜드의 플래그십 스토어와 나이키, 애플 등 글로벌 브랜드의 메가숍을 국내 사상 처음으로 선보이고 있다. 에르메스, 샤넬, 루이비통, 구치, 프라다, 까르띠에, 티파티 등 7대 대표 명품 브랜드

를 각각 플래그 스토어로 특화시켜 풀 라인 상품을 전개한다. 총 60개의 명품 브랜드가 입점해 있어 마치 명품 거리를 거니는 듯한 느낌이 든다.

나이키 매장은 뉴욕 나이키타운을 그대로 옮겨 놓은 듯한 규모와 상품을 자랑한다. 660m²(200평) 규모로 의류 및 스포츠용품 등 나이키의 모든 상품을 선보이고, 고객이 직접 '나만의 티셔츠'를 만들 수 있는 '티셔츠 바'도 있다.

신세계의 편집숍도 부산지역에 처음 선보였다. '분더샵', 40-50대 여성들을 위한 '트리니티', 수입 아동복 브랜드로 구성된 '키즈 스타일', 유럽 직수입 홈컬렉션 매장인 '피숀'과 남성 잡화 매장 '맨스 스타일 플러스', 진 편집숍 '블루핏', 젊은 감성의 골프웨어 편집숍 'G플러스' 등이 선보였다. 8층의 영 패션 스트리트는 다이내믹한 로스숍 형태로 꾸몄는데, 젊은 고객을 표적으로 의류 브랜드와 화장품, 잡화 등을 한 곳에 모았다.

신세계는 올해 센텀시티의 매출 목표를 4,400억원, 3년 내 부산 1위인 7,500억 원으로 잡았다. 또한 5-6년 내에 1조원 달성을 목표의 지속적인 성장 가속화로 향후 전국 1번 점으로 도약한다는 포부를 가지고 있다.

▮ 자료원 : 월간 유통저널(2009), "머물고 싶은 도시, 신세계 센텀시티," 4월호, pp.50-53의 내용 중 일부를 발췌하여 재구성함

issues analysis

신세계 센텀시티는 최대, 최고, 최다라는 표현이 어울리는 복합 엔터테인먼트 쇼핑몰이라 할 수 있다. 물론 신세계 센텀시티가 보유하고 있는 다양한 편의시설, 문화시설, 쇼핑시설 등이 다양한 고객의 욕구를 원

스탑으로 해결해 준다는 점이 신세계 센텀시티의 중요한 성공요인이라 할 수 있겠지만 그보다 더 중요한 것은 국내에서 찾아보기 힘든 세계적 명품 브랜드들의 플래그십 스토어와 메가숍, 다양한 편집매장 등에 있다고 할 수 있다. 이는 백화점 브랜드 구색전략의 매우 좋은 성공사례라 할 수 있다.

case 11-4

소호몰 판매상품이 갖춰야 할 8가지 조건

1. 잘 아는 상품이어야만 합니다.

좋은 상품을 구비해야 매출이 느는 것은 당연한 일입니다. 따라서 MD에게는 좋은 상품을 골라내는 안목이 필요합니다. 이는 MD가 그 상품에 관한 한 전문가라 부를 만큼 그 상품에 대해 잘 알고 그 누구에게라도 자세하게 설명할 수 있어야 한다는 뜻입니다.

2. 확률이 낮은 상품을 소싱할 수 있어야 합니다.

특허발명품이나 아직 국내에 도입이 안된 상품 등 국내 최초의 상품을 판매할 수 있다면 이보다 더 좋은 기회는 없을 것입니다. 하지만 특허상품을 개발하거나 독점적으로 공급할 수 있는 확률은 매우 낮고, 외국에서 상품을 들이는 것은 무역업에 가깝습니다. 따라 국내 최초의 상품을 지향하기보다는 틈새를 비집고 파고들어가는 전략을 권합니다.

3. 부가가치가 높은 상품을 소싱할 수 있어야 합니다.

소호몰의 경우 박리다매에는 한계가 있습니다. 박리다매로 이윤을 추구해야 하는 상품이란 것은 어쩌면 돈만 있다면 누구나 뛰어들 수 있다는 얘기입니다. 또한 이러한 상품인 경우 많이 팔아 이윤을 남겨야 하는데, 그 승패 요소는 당연히 많은 물량을 유통 시킬 수 있는 능력에 있습니다. 많은 물량을 유통 시켜야 좋은 것은 물론 모든 상품에 해당되겠지만, 개당 마진이 적은 상품의 경우는 공급가에서 일이십 원, 일이백 원 차이가 전체 이익에서 차지하는 비중이 크기 때문에 특히나 유통 수량에 대한 부담이 클 수밖에 없습니다.

상품선정에 대한 부분은 당연히 현장에서 열심히 뛰며, 여러 가지 상황을 살펴가며 고려해 보아야겠지만, 시중 판매가가 비싼 상품일수록 좋습니다. 비싼 상품일수록 팔기가 어렵지 않느냐고 생각하실 수도 있겠지만 시장에 그러한 상품이 유통되고 있는 이유는 당연히 그것을 찾는 고객들이 있기 때문이 아닐까요? 절대로 더 이상 가격이 비싼 상품을 판매하는 일을 주저하지 마십시오!

물론 박리다매를 노리는 마진이 적은 아이템이 무조건 실패하고 나쁘다는 것은 아닙니다. 다만 개인이 운영하는 소호몰의 경우 노동대비 효율이 좋은 상품을 다루려다 보니 박리다매 아이템의 선택을 지양하는 것뿐 입니다. 사실 시장규모를 키우고 확장력을 높이는 데는 저가의 상품이 더 유리할 수 있으며, 초기 판매행위에 대한 빠른 반응 역시도 유리할 수 있습니다.

4. 비슷한 상품일 때 가능한 낮은 가격대의 상품을 소싱 할 수 있어야 합니다. 또한 아예 저렴한 가격대의 상품을 판매하면 좋습니다.

소비자의 30~40% 정도가 상품의 가격에 의해 구매의사를 보인다고 합니다. 이는 당연한 말이지만 상품 선정 시 가장 유리한 가격으로 상품을 구비할 수 있는 방법을 선택해야 합니다. 또한 고가의 상품일수록 고객은 많은 고민을 하게 되고 소호몰보다는 대형 종합쇼핑몰에서 구매할 가능성이 높습니다. 이와는 반대로 가격이 저렴하고 부담 없는 상품일수록 충동구매의 유도나 신뢰도의 부담감을 줄일 수 있습니다. 1만 원짜리 상품을 구입하면서 쇼핑몰의 회사위치부터 연혁, 매출량, 커뮤니티, 서비스 등 다 따지고 구입하는 사람은 별로 없다는 뜻입니다.

5. 이미지 구현이 쉬운 상품을 선택하면 좋습니다.

컴퓨터 모니터라는 제한적인 공간에서 상품을 진열하는 경우 3차원의 제품인 경우 매우 높은 수준의 제품 이미지가 필요합니다. 또한 그런 이미지에도 실제 상품의 모습에 대해 의구심을 가질 수 있는 게 고객들의 마음입니다. 그러나 다음에 열거한 상품들은 평면적인 제품의 외양으로 모니터에 나타나는 모습만으로 충분히 전체 제품의 모습을 가늠할 수 있습니다. 우표, 옛날화폐, 복권 등과 같은 수집품의 경우 일반 스캐너로 상품 전시에 사용될 수 있는 훌륭한 상품 사진을 만들어 낼 수 있습니다.

6. 반복 구매되어야 하는 상품이면 좋습니다.

직접 신어보고 입어봐야 하는 것으로만 생각 되었던 신발이나 의류 심지어는 아주 비싼 건강용품 조차도 이제는 매장에서 직접 경험하지 않고 구매하는 시대가 되었습니다. 가격이 싸기 때문에 인터넷을 찾는다는 개념이 물론 아직도 주요 구매 이유로 존재하고 있긴 하지만, 인터넷 쇼핑몰이 갈수록 활성화 되고 있는 이유는 '인터넷 쇼핑몰에서의 구매가 습관화'된 이유도 상당 부분 차지합니다. 이러한 습관화 경향은 갈수록 커질 것입니다. 따라서 건강보조식품처럼 반복해서 구매해야 하는 상품을 판매하면 좋습니다.

7. 표준화된 품질을 만들어야 합니다.

쇼핑몰의 가장 큰 단점은 직접 만져보거나 입어보는 등 체험도 영업사원의 설명도 없이 직접 상품설명을 읽어보고 이미지만 보고 구입해야 한다는 것입니다. 따라서 일반화된 상품이 괜찮을 수 있습니다. 일반화된 상품이란 눈으로 보거나 만지지 않아도 어떤 상품인지 알 수 있는 상품입니다. 오프라인 매장에서야 직접 체험하고 설명을 충분히 듣고 구입하면 되니까 어떤 상품을 팔아도 크게 상관없지만 인터넷 쇼핑몰은 그럴 수 없기 때문에 어디서 사든지 차이가 없고 다를 것도 없는 제품이 적절할 수 있습니다.

예를 들면, 볼펜, 책, 브랜드 제품, CD 등은 백화점에서 사든지, 인터파크에서 사든지, 소호몰에서 사든지 그다지 큰 차이가 없습니다. 그래서 브랜드, 브랜드, 브랜드의 중요성을 외치는 것이겠죠.

표준화된 품질을 만들기 위해서는 생산자의 취향 보다는 고객의 의견, 해당 상품의 일반적인 기준을 적극 반영하여 개선해 나가야 합니다. 또한 객관화된 데이터를 보여줌으로써 누가 보더라도 이해하기 편한 기준을 제시할 수 있다면 더 명확한 설명이 될 것입니다.

8. 배송이 원활한 제품을 선택해야 합니다.

상품 크기가 전기밥솥 이상이라면 재고 정리와 택배 등에서 문제가 될 가능성이 높습니다. 고객들은 배송비에 굉장히 민감하기 때문입니다. 택배 회사의 최소 포장 무게는 10킬로그램 이내, 최소 포장 용적은 가로 세로 높이의 합이 120센티미터 이하를 기준으로 하고 있습니다. 이 기준으로 상품의 무게와 부피에 따라 택배비가 결정되므로 무겁거나 부피 때문에 행여 배보다 배꼽이 더 큰 현상이 발생할 수 있습니다. 전자상거래에서 도서, CD, DVD, 화장품 같은 물품이 주를 이루는 것도 이것들의 킬로그램당 가격이 1만 원 이상인, 즉 무게나 부피에 비해 가격이 높기 때문입니다. 따라서 배송비 부분에서 상품 가격 전략을 구사하여 가격을 낮추고 배송비를 따로 받는 경우도 있고 상품 가격에 배송비를 포함하는 경우도 있습니다. 두 가지 전략 모두 적절히 혼합하여 구사하는 것이 좋습니다.

▮ 자료원 : 다음카페 [매출두배 내쇼핑몰 만들기]-인터넷쇼핑몰, 상품기획으로 승부하라
http://cafe.daum.net/myshoppingmall

issues analysis

소호몰은 자본력을 가진 대형 유통업체와는 달리 실패의 위험이 크고, 대부분의 경우 실패의 가장 큰 원인은 상품구색전략에 있다고 할 수 있다. 따라서 소호몰의 상품구색전략을 수립할 때는 보수적인 태도를 취하는 것이 필요하고, 큰돈을 벌고자 하는 사행심 보다는 작은 성공을 통해 상품구색전략을 체득해 가는 과정이 중요하다고 할 수 있다. 초기에는 상품의 매입, 주문접수, 배송, 결재 등이 쉬운 상품들을 중심으로 사업경

험을 쌓아가고, 구색을 조금씩 바꿔가면서 많은 시행착오를 통해 자신만의 구색전략을 만들어 가야 한다.

case 11-5

돈키호테의 보물찾기 식 상품구색

일본의 초저가 슈퍼마켓 체인점 돈키호테는 그야말로 '없는 게 없는' 만물상이다. 아기자기하고 가지런한 일본의 다른 상점들과는 달리 마치 창고를 보는 듯한 어수선한 진열방식이 돈키호테의 중요한 차별화 전략이다. 오픈시간은 24시간이고, 연중무휴로 운영되고 있다.

돈키호테의 고객은 주로 도쿄의 젊은이들이고, 특히 하루 종일 업무에 시달렸던 직장인들이 주요 표적고객이다. 돈키호테는 100엔 샵에서 팔리고 있는 초저가 상품부터 백화점에서 팔리고 있는 명품까지 대략 5만 가지의 상품아이템을 갖추고 있다. 그야말로 무슨 물건이든 있고, 물건이 다양해서 싫증이 나지 않는다.

돈키호테는 코너 사장제도를 도입하여 매장의 특정 구역을 각 코너 사장이 직접 관리한다. 코너사장은 상품의 진열 뿐 아니라 상품의 구입에 대한 전권을 가지고 있다. 직원이긴 하지만 해당 구역과 해당 상품군에 대해서는 사장이라 할 수 있다. 이러한 다수의 사장들은 각자의 창의성을 최대한 발휘하여 상품구색을 결정하며 구매 관련 업무는 제조업체와 상담하면서 독자적으로 결정한다. 이들은 현금 구입을 주로 하기 때문에 상품판매 가격을 낮출 수 있고, 결국 이것이 경쟁력이 된다. 또한 주로 170여명의 아르바이트를 이용해 비용을 더욱 낮추고 있다.

6개월 경력이상이며 능력만 있다면 누구나 코너 사장이 될 수 있고, 코너사장은 기존의 경험이나 지식보다는 고객의 입장에서 더 재미있게 진열하고자 노력한다. 코너 사장들은 일을 게임처럼 하기 때문에 창의적인 상품구색과 진열이 가능하다. 소위 말하는 '정글 진열'은 파격적으로 할인된 상품을 상품더미 속에 숨겨두어 그것을 찾도록 하는 재미를 주고 있다. 물론 가격 또한 매우 다양하다. 가격은 회의를 통해 코너사장이 직접 결정하고, 매일 전략상품이 할인된 가격으로 나온다. 특히, 최저가격 보증상품을 제공하고, 일주일에 3번 가격 시찰을 통해 인근 판매점과 가격비교를 하기도 한다.

이 때문에 돈키호테의 방문고객은 고객은 살 물건이 없어도 온다. 하루종일 스트레스를 받은 직장인들, 데이트를 즐기는 젊은 연인들이 상품구매가 아닌 보물찾기를 하는 것과 같은 색다른 즐거움을 느낄 수 있기 때문이다.

돈키호테는 상품진열대회도 갖는다. 이 대회는 진열시간, 진열형태 등으로 우열을 가리며, 상품진열대회의 승자는 승진의 기회를 제공받는다. 각 코너별로 매출 실적표도 공개하고, 코너사장들은 권한에 대한 평가도 받는다. 항상 최고에 도전하라는 무언의 압력도 받는다. 돈키호테가 가지고 있는 또 한가지 독특한 제도는 '하극상' 제도이다. 이 제도는 자신보다 실적이 좋은 대상을 정해 도전장을 내는 제도로 상사와 직위가 역전될 수 있다. 하지만 결과가 좋지 않을 경우 책임을 져야한다. 이런 제도에 대해서 주위에서 비판도 하지만 그들은 이것을 게임처럼 즐긴다.

최근 외국인 관광객이 증가함에 따라, 돈키호테에서는 외국인 관광객이 보다 편리하게 이용할 수 있도록 ①면세 서비스 가능 점포를 현재 22개점에서 순차적으로 확대, ②점포 내에 한국어를 포함한 외국어 안내 표지판을 설치, ③중국인 관광객을 대상으로 한 결재 서비스를 순차적으로 확대, ④한국어, 중국어 홈페이지를 신설 등의 외국인 관광객 대응 서비스를 강화하고 있다. 돈키호테는 관광지와 쇼핑센터가 영업을 끝내는 밤 시간대에도 편하게 쇼핑을 할 수 있는 곳으로, 앞으로도 일본의 종합토산품센터로서 외국인 관광객에게 친숙하게 다가갈 방침이다.

issues analysis

돈키호테는 상품구색과 진열과 관련하여 기존에 우리가 가지고 있는 고정관념을 깨고, 역발상을 하여 성공한 좋은 예라 할 수 있다. 일반적으로는 상품구색이 체계적이어야 하고, 진열은 질서 있어야 한다. 이는 소비자가 혼란스럽지 않게 하고 구매하고자 하는 물건을 보다 쉽게 찾을 수 있게 하기 위함이다. 하지만 돈키호테는 오히려 비체계적인 상품구색과 무질서한 진열을 통해 '보물찾기의 즐거움'이란 새로운 가치를 제공하고 있다. 또한 이러한 새로운 가치 제공을 위하여 다른 유통업체에서 찾아보기 힘든 다양한 인사제도를 추구하고 있다.

이처럼 상품구색이라는 것에 일반론은 있을 수 있지만 반드시 그러하다는 진리는 없다고 보는 것이 바람직하다. 굳이 상품구색에 진리가 있다고 한다면 그것은 고객에 대한 가치제공일 것이다.

제12장
머천다이징 관련 사례 II : PB

12 _ 머천다이징 관련 사례 II : PB

case 12-1

경기침체가 PB 확대의 호기

최근 생활필수품 가격이 줄줄이 오르고 있는 가운데 소비심리도 얼어붙었다. 너무 올라 못 사겠다는 원성이 매장 여기저기서 들린다. 일본에서는 고물가 시대에 소비창출의 구원병으로 PB(private brand)가 각광받고 있다. 바야흐로 일본 유통시장에서 PB가 도약기를 맞은 것이다. 업계 전체로 봤을 때 PB매출 구성비는 현재 약 8-10%에 그치지만 일본 유통업체들은 지금이 PB 확대를 위한 적기로 보고 있다.

TV광고하는 PB 등장

일본 소비자들은 한동안 세븐&아이홀딩스의 PB인 '세븐 프리미엄'에 대해 '가격을 생각하면 그럭저럭 참을 만한 맛'이라는 인식을 가졌다. 그러나 최근 세븐&아이홀딩스는 세븐 프리미엄에 '맛'을 더하는 일대 혁신을 이루었다. 이를 실현하기 위해 상위 식품 제조업체와의 힘겨운 교섭 끝에 최상의 맛을 저가격으로 제공하는데 성공했다.

이즈미야 1호점인 하나조노점에 가면 'NB vs. PB'를 볼 수 있다. 저자격, 고품질로 무장한 자사 PB을 홍보하기 위한 매장이다. 그만큼 NB에 뒤지지 않는 품질력을 가졌다는 자신감의 표현이기도 하다.

이온그룹은 고품격 PB 실현에 도전하고 있다. '톱밸류'의 생산과정을 소비자들에게 소개하기 위해 톱밸류 광고를 방영하는 전용 TV를 매장에 설치했다. 또한 최근에는 TV광고까지 선보이며 PB알리기에 발벗고 나섰다. 그러나 이온그룹의 이 같은 행보를 바라보는 시각은 두 가지로 나뉜다. 이온 PB의 경우 상품 원가에 프로모션 비용이 포함돼 있기 때문에 가격의 거품을 뺀 PB라는 정의에 맞지 않는다는 것이다.

즉, 적극적인 프로모션은 업계 전체로 보았을 때, PB이미지 상승에 긍정적 효과가 있지만 한편으로는 가격 상승이라는 문제를 초래한다는 것이다. 이 때문에 고물가 시대에 대안으로 등장한 PB가 역할을 해내지 못할 것이라는 우려 섞인 목소리도 있다.

안전성 확보가 선결과제

PB의 안전성 확보는 매출 볼륨을 더욱 키우기 위해 꼭 해결해야 할 과

제 중 하나이다. 특히, 지난 2월 일본에서 발생한 중국산 살충제 냉동만두 사건 이후 소비자들은 식품 안전성에 더욱 높은 잣대를 들이대고 있다. 여기다 국산품에 대한 애착도 증가, 해외 생산이 압도적으로 많은 PB 식품 매출이 주춤하는 모습을 보이기도 했다.

이에 따라 유통업체들은 식품 PB에 대한 정보공개를 강화하고 있다. 예를 들어, 다이에는 중국산 냉동만두 사건 이후 39개 냉동 PB 상품의 공장 소재를 매장에 게재하고 있다. 이온 역시, 냉동만두 PB에 들어간 25가지 원재료의 원산지를 매장 및 홈페이지에 공개하고 있다.

PB가 알뜰 소비의 한 방법으로 각광받으면서 세븐 프리미엄과 톱밸류 등 PB상품이 2008년 일본 히트상품에 선정되기도 했다. 일본유통신문이 조사한 바에 따르면 소비절약을 위해 PB 상품을 구입한다고 대답한 응답자가 25.8%였으며, 최근 1년 이내에 PB상품을 구입하게 됐다고 답한 소비자는 전체 응답자 중 15.7%에 달했다. 특히, PB에 대해 호감을 갖고 있는 소비층은 40대 주부들인 것으로 나타났다. NB의 가격상승이 지속되는 가운데 저가격을 메리트로 한 PB가 가계의 주도권을 쥔 주부들에게 어필하고 있는 것이다.

그러나 과거 다이에의 실패 경험에서 알 수 있듯 무분별한 PB확대는 소비자로부터 외면 받는 빌미를 제공할 수 있다. 안전성을 기본으로 한 상품 전개와 더불어 NB와 PB 구성비를 어떻게 조화시켜 갈 것인가가 향후 소매업 생존에 중요한 화두가 될 것으로 보인다.

▌자료원 : 리테일메거진, 2008년 8월호, pp.146-147, "PB확대 지금이 호기"의 내용을 발췌하여 정리함.

issues analysis

위 내용은 최근 일본에서 유행처럼 번지고 있는 PB상품 개발에 대한 사례이다. 사례에 나타난 것처럼 경기침체기가 계속되고, 소비자의 구매력이 낮아진 상황은 PB 상품 개발자에게 매우 좋은 기회가 될 수 있다. 더 나아가 PB상품을 취급하는 유통업체에게는 이익창출의 계기가 될 수 있다.

우리나라도 최근 유통업체 간 PB상품 경쟁이 치열하게 전개되고 있다. 하지만 PB상품의 품질력에 대한 소비자의 인식은 아직 부족한 것이 현실이다. 따라서 경기침체기라는 위기를 기회로 삼아 합리적인 품질을 제공하는 PB상품의 개발과 홍보에 더 큰 노력을 해야 할 것이다. 하지만 무분별한 PB상품 확대는 유통업체의 브랜드 개발비용, 재고부담비용 등으로 작용해 수익성을 악화시킬 위험도 크다.

case 12-2

백화점도 PB를 늘려야 할 때

대구백화점 PB상품, 지금 상한가!

지난 5월 대구백화점은 직원들을 대상으로 대백PB상품 설명회를 열었다. 대구백화점에서 청과, 정육, 수산, 공산품 등으로 개발한 PB상품을 알리기 위해 마련된 설명회로 PB상품의 우수한 품질과 절며한 가격을 알리기 위한 설명회였다. 이 설명회에서 현재 대구백화점 식품매장에서 판매되고 있는 'The Prime' 선물상품을 비롯해 '대백 전원미' 등 31가지 상품을 홍보하고, 직원들의 자사상품 애용을 위해 '대백 가야 속리산 샘물'을 나눠주기도 하였다. 대구백화점이 현재 개발하여 판매중인 PB상품은 '대백꽃향기' 두루마리 휴지를 비롯하여 '대백 전원미', '대백 참좋은 란', '아름다운과수원 청과시리즈' 등 30여개 상품으로 이 중에서 대백 전원미와 대백 꽃향기 화장지는 대표적인 PB상품의 성공모델로 자리잡았다. 최근에는 제철 농산물인 고령 개진감자도 판매량이 증가하는 추세이다.

대구백화점 식품 매입팀 김남기 팀장은 "대구백화점에서는 친환경잡곡류와 자연친화적 세제류를 PB상품으로 개발하고 있어 고객들에게 품질은 높으면서 저렴한 상품들을 선보이고 있다"며 "대구백화점 자사 브랜드 상품은 최근 고물가시대에 발맞춰 소비자들의 고객만족을 위해 보다 저렴하고 위생적인 제품만을 엄선하여 판매해 나갈 것"이라고 전했다.

좋은 상품 싸게 공급하고, 지역경제도 살리고

PB상품이 우수한 품질에 비하여 가격이 저렴한 이유는 유통업체가 상품의 기획에서부터 생산, 판촉, 재고처리까지 모든 상품의 흐름과정을 관리하여 중간 유통단계를 줄이고, 유통업체 자사의 이름으로 직접 관리하기 때문이란 것은 이미 다 아는 사실이다.

대구백화점 PB상품은 대구백화점이 독점계약 재배를 통하거나 상품 출고에서부터 대백 자체상표를 부착하여 중간 유통단계 없이 백화점 매장에 진열하기 때문에 같은 종류의 상품에 비하여 상대적으로 가격이 저렴하고 최근의 경기불황에 따른 알뜰 소비성향의 증가로 꾸준한 매출 신장을 기록하고 있다. 대구백화점 관계자는 “대백 PB상품은 해마다 30% 이상씩 고속성장을 지속하고 있다”며 PB상품의 지속적 개발을 통한 아이템 수 증가 및 홍보 판촉을 통해 매출이 신장된 것으로 분석했다.

대구백화점은 PB상품 개발시 백화점 이미지에 맞게 고품질과 차별화에 역점을 두고 개발한 대백 명품 ‘The Prime’과 협력업체와 제휴하여 품질은 유지하면서 가격적 경쟁력을 높이는 ‘Good Price’로 개발하고 있다. 농가와의 계약 관계를 통한 지속적인 거래로 상품의 품질이 우수한 농가에 지정농장 입간판을 설치하고 PB상품으로 지정하여 운영하고 있으며, 물류비 및 운영개발에 유리한 대구경북 지역을 우선으로 선정하고 있다. 대구백화점 측은 “앞으로도 지역의 우수한 상품을 개발함으로써 지역 백화점으로서 상생하는 모습을 통한 발전하는 모습을 보이겠다”며 의욕적인 모습을 보였다.

현재 우리나라의 PB상품 개발은 할인점과 편의점 중심으로 전개되고 있다. 비교적 고가의 고품질 상품을 취급하고 있는 백화점 입장에서는 아무래도 PB상품의 저품질, 저가격 이미지가 걱정이 되기 때문이다. 오히려 백화점의 고급 이미지만 낮추는 것 아닌가 생각할 수도 있다. 하지만 이는 매우 소극적인 생각이라 할 수 있다. 이제 백화점도 특정매입방식 속에서 입점업체들이 잘 해주기만을 바라는 것은 옳지 않다. 이것은 백화점 간의 차별화를 어렵게 하고, 궁극적으로 백화점의 경쟁력을 낮추게 하고 있다.

미국과 일본의 선진 백화점들처럼 백화점 자체의 머천다이징 능력을 키워야 하고, 그 일환으로 백화점도 PB상품 개발에 과감히 도전해야 한다. 최근 개발된 롯데백화점의 '올리브핫스텁' 브랜드는 이러한 좋은 예라 할 수 있다.

▌자료원 : 리테일 메거진, 2009년 7월호, pp.50-51, "대구백화점 PB상품 품질만족, 가격만족"의 내용을 발췌하여 재작성함.

issues analysis

위 내용은 백화점에서도 PB상품을 개발할 수 있다는 것을 보여주는 사례이다. 사례에서 대구백화점은 고객들이 큰 고민 없이, 품질에 대한 염려없이, 구매를 실패해도 후회가 적을 만한 상품들부터 우선적으로 PB를 개발하고 있다. 이로 인해 고객들의 대구백화점 PB에 대한 신뢰가 쌓이고 있다.

백화점도 이제는 과거와는 달리 자체 머천다이징을 강화하는 것이 트렌드이다. 그리고 PB상품 개발은 그러한 머천다이징 능력을 배양할 수 있는 좋은 방법이다. 비록, 시행착오가 있고, 실패의 걱정이 있더라도 이는 장기적인 관점에서 백화점의 경쟁력을 강화시킬 것이 확실하다.

case 12-3

또 다른 대안, 라이센스 브랜드

Harvard 대학교의 학위를 사무실에 걸지 못하는 사람들을 위한 희망이 있다. 브랜드로서 'Harvard'는 신발, 안경테, 우산, 넥타이, 서류가방에 'Harvard University'의 명성이 담겨져 있다.

정확한 조사에 근거한 것은 아니지만, 이러한 품목은 동아시아, 특히 일본에서는 제한된 몇몇 점포에서만 살 수 있다. 그래서 저렴하게 공급되고 있지 않다. 예를 들어, 안경테는 90달러에, 서류가방의 경우는 100달러 이상까지 이른다. 이러한 상품은 Harvard의 생활협동조합에서 판매되는 티셔츠, 스웨터, 기타 기념품과 같은 상품이 아니다.

사실 많은 Harvard 대학 학생들이나 졸업생들은 그런 상품이 있다는 것조차 모르고 있다. 동아시아에서 유행하는 American traditional 룩에 사용된 학교이름도 아는 사람이 별로 없을 것이다.

몇 년 전만해도 Ivy리그 학교는, 큰 주립대학이 아무렇지도 않게 한 해에 3만 달러 이상을 자체 프로모션 라이센스를 통해 벌어들이는 것에 대해 탐탁하게 보지는 않았다. 예를 들어, Texas A&M의 졸업생들은 "Aggie Backer Tractors"로 잔디를 자르고, 학교의 색과 문양을 새긴 관을 무덤에 보낼 수 있다.

보다 최근에, 운동부보다는 학문적으로 더 알려진 Harvard를 비롯한 다른 대학들이 한 해에 25억 달러의 대학 라이센스 시장을 확보하고 있다. 미국에서는 그 효력이 약해졌지만 일본의 TV에서는 여전히 맥주, 자동차 등을 광고하는 미국 영화배우처럼, 인기 있는 대학들은 해외 라이센싱을 통해서 돈을 벌 수 있다는 것을 발견했다.

이처럼 라이센스 브랜드는 NB와 PB 이외에 유통업체가 취급할 수 있는 또 다른 대안이 될 수 있다. 이러한 라이센스 브랜드는 학교 뿐 아니라 스포츠구단에서도 활용되고 있다. 현재 대부분의 유통업체들은 제조업체 브랜드와 유통업체 브랜드를 적절히 조합하여 머천다이징을 결정하고 있다. 하지만 경우에 따라서는 라이센스 브랜드를 머천다이징에 포함시키는 것도 점포 차별화를 위해 필요하다고 할 수 있다. 예를 들어, 할인점의 스포츠매장에 우리나라에서 인기가 많은 Manchester United, New York Yankees, LA Lakers 등의 라이센스 브랜드를 취급하는 것도 효과적인 차별화 방법이라 할 수 있다.

issues analysis

본 사례는 제조업체 브랜드의 특수한 형태 중 한가지가 라이센스 브랜드(licensed brand)에 관한 사례이다. 사례에서 Harvard대학은 대학이 가지고 있는 좋은 이미지를 브랜드화 하여 큰 성공을 거두었다. 현재 많은 유통업체들은 제조업체 브랜드와 유통업체 브랜드의 조합을 통해 상품구색을 갖추려고 하고 있다. 하지만 라이센스 브랜드를 적절히 활용하는 것도 점포 차별화와 고객 충성도 향상을 위해 필요한 대안이라 할 수 있다.

case 12-4

PB 상품 취급: 제조업체와의 전쟁인가, 상생인가?

마츠시타 vs. 다이에

1995년 12월에 일본 마츠시타 전기와 다이에와의 전면적 관계수복 뉴스가 발표되었다. 과점 제조업체와 대형 유통업체의 수직적 경로 갈등관계를 가장 극명하게 노출하면서 일본의 유통 채널 역사에서 오랫동안 인구에 회자되어 온 사건으로서, 양사가 무려 30년 동안 정규거래를 회피하면서 대치한 소위 30년 전쟁이 종결했다는 뉴스였다.

소매상인이 가격을 결정해야 한다고 주장한 종합양판점(general merchandise store; GMS) 최대이자 소매업계 최대기업인 다이에에 대해, 자사의 혁신적인 신제품인 컬러 TV에 대해 희망소매가격 이하로 염가 판매했다고 해서, 가전 업계 최대 제조업체인 마츠시타가 출하정지라는 대항조치를 취한 것이 1964년 이었다. 이에 대해 다이에가 궁극적인 대항조치로서 컬러 TV의 PB 제품생산을 단행하였던 것이다. 결과적으로, 30년 이상동안 마츠시타와 다이에가 정규의 거래루트를 통한 거래를 하지 않았던 것이 30년 전쟁의 골자이다.

30년 전쟁의 발단은 이러하다. 자사가 심혈을 기울여 출시한 희망가격 10만엔의 컬러TV(14인치)를 다이에가 2만 엔이나 싸게 판매한 것에 대해 정가로 판매하고 있는 자사의 유통계열화 정책의 산물인 계열 소매점을 지켜야 할 마츠시타로서는 격분하지 않을 수 없었다. 저가격을 무기로 주부층의 절대적 지지를 얻으면서 급성장의 발판을 얻었던 다이에도 참지 않았다. 마츠시타에 대한 대항조치로서, 다이에가 중견 가전 제조업체인 크라운에 의뢰하여 5만 9,800엔의 PB 컬러TV 제품을 판매한 사실은 일본에서는 아주 잘 알려져 있다.

이러한 30년 전쟁의 종결배경은 이러하다. 1980년대에 들어와서도 반유통계열화의 기치를 내건 대형 가전 유통업체의 기세는 누그러지지 않았다. 반면 제조업체로부터 제공되는 각종 원조책에 익숙해진 탓에, 지역의 고객개발 및 유지와 정확한 유통 서비스의 제공이라는 당연한 경영노력을 게을리 하는 계열 소매점의 행태는 불가피하게 유통계열화 시스템의 약화를 가져왔다. 동시에 그러한 소매 계열점을 지원할 목적으로 설립된 도매 계열기업, 즉 판매회사도 약화되지 않을 수 없었다. 그 결과 가전업체는 유통계열화 일변도에서 탈피하여 비계열의 대형 가전 유통업체와의 거래를 본격화시키게 되는 것은 당연한 귀결이었다.

단지 가전업계뿐만 아니라 일본 전체 산업의 유통계열화 선구자로서 일컬어져 왔고 여전히 가장 강한 유통계열화 정책을 견지했다는 평가를 들어온 마츠시타 조차 1990년대에 들어와서도 계속된 불황의 타개책으로서 유통계열화를 전면적으로 재개편하여, 점진적이긴 하나 계열 소매점의 축소를 단행하였다. 적대적 관계를 계속해 온 다이에는 1990년대 중반에 연간 가전매출액이 2,000억 엔이나 하는 최대의 가전제품 판매

기업이었고, 마츠시타로서는 더 이상의 거래중지를 방관할 수 없었다. 사정은 다이에로서도 마찬가지로 최대의 가전 제조업체와의 거래 정상화를 서두르지 않을 수 없었다. 30년 전쟁은 이러한 시대배경으로 인해 종결되었던 것이다.

30년 전쟁의 교훈: 상생적 PB의 필요성

다이에와 마츠시타의 30년 전쟁은 대형 소매업자와 제조업자에게 교훈을 주고 있다. 소모적인 제판대립은 양자에게 너무나 큰 희생을 따르게 하니 회피할 것, 그리고 무엇보다도 제판동맹의 결실을 확실히 하기 위해서는 NB제품과 대립하는 PB제품 생산보다는 양자가 상생할 수 있는 PB제품의 생산을 위해 협조하는 것이 바람직하다는 것이다.

예를 들어 2007년 탄생한 세븐&아이의 PB인 '세븐 프리미엄'은 유력 제조업체와 협업으로 만들어졌다는 것을 강조하기 위해 제조 업체명을 패키지에 반드시 명기하는 방식을 택하면서, 제조업체에게는 파트너 의식을, 소비자에게는 안심을 주었다. 실제로 세븐 프리미엄의 제품에는 제조 업체명 뿐 아니라 소비자 문의처도 제조업체로 되어있다. 판매책임과 동시에 소비자가 알고 싶어하는 제조책임도 명확히 하기 위해 공표했다고 한다. 나아가 NB제조업체와의 공동개발인 이상 최종적인 가격결정은 제조업체가 가지게 된 점도 강조해야 할 것이다. 세븐 프리미엄은 이러한 점에서 제조업체와 유통업체의 운명공동체적인, 즉 제판동맹적인 PB라고 할 수 있다.

▮ 자료원 : 월간 유통저널, 2008년 6월호, pp.28-33, 월간 유통저널 2008년 7월호, pp.82-88에 게재된 "PB를 둘러싼 일본의 유통-제조업체간 상생관계"의 내용을 토대로 재구성함.

issues analysis

위 내용은 유통경로의 대표적인 갈등이라 할 수 있는 제조업체와 유통업체 간 갈등관계를 다룬 사례이다. 특히, 갈등의 원인이 PB상품의 취급에 있었다는 점에서 본 차시에서 꼭 다루어야 할 사례이다. 사례에서 나온 것처럼 유통업체는 PB상품을 취급함에 있어서 제조업체와의 갈등에 대해 미리 예측하고, 해결하기 위한 노력을 하여야 한다. 그렇지 않으면 제조업체와의 갈등이 발생하기 쉽고, 유통업체의 영업활동에 심각한 지장을 초래할 가능성도 높다. 따라서 PB상품 개발담당자는 PB상품 개발과정에 제조업체와의 협업을 추구하면서, 서로 win-win할 수 있는 방안을 찾도록 노력해야 할 것이다.

제13장

가격관리 관련 사례

13 _ 가격관리 관련 사례

case 13-1

A 포털사이트의 인터넷 만화가격 책정

A 포털사이트는 수익성 확대를 위한 방안으로 인터넷 만화를 유료화하기로 하였다. 하지만 인터넷 만화의 가격을 어떻게 책정해야 할 지 감을 잡기 어려웠다. 일반적으로 가격책정 방법은 회사기준 책정, 경쟁기준 책정, 고객기준 책정으로 나누어 볼 수 있는데, 가장 일반적으로 쓰이는 회사기준 가격책정 방법은 만화의 매입원가(이 경우 만화 콘텐츠 공급업체로부터 만화를 매입하는 비용 또는 만화가를 통해 직접 제작하는 제작비용)에 적정 마진을 더해서 가격책정을 하는 방법이다.

다음 방법은 경쟁기준 책정으로 경쟁 포털사이트들의 만화 가격을 보고 이와 유사하게 하거나 아니면 조금 비싸게, 조금 싸게 하여 약간의 차별을 두는 방법이다.

이 두 가지 방법은 쉽긴 하지만 과연 독자들이 그 가격대를 수용할 수 있을 지 확신이 서질 않았다. 만약 가격이 너무 비싸다면 애써 제작한 만화가 잘 팔리지 않을 것이고, 오히려 수익성을 악화시킬 것이었다. 그렇다고 너무 싸게 하면 그것도 회사 입장에서 바람직하지 않은 선택이 될 것이었다.

이에 A 포털사이트는 고객기준 가격책정 방법으로 가격을 결정해 보기로 했다. 이를 위해 고객 기준 가격책정 방법으로 가장 많이 쓰이고 있는 Price Sensitivity Measurement(PSM) 방법을 이용하기로 하였다.

A 포털사이트는 먼저 기존 무료 만화를 읽기 위해 방문하는 고객들에게 설문조사를 실시하였다. 조사대상 표본 수는 100명이었고, 응답한 사람들 중 10명을 추첨하여 사은품을 보내주었다. 설문조사는 아주 간단하였다. 먼저, 유료화하고 싶은 만화 샘플을 하나 보여 준 뒤 다음 네가지 질문으로 구성되었다.

질문1. "너무 싸서 품질이 의심스러운 가격"은 얼마부터 입니까?
질문2. "싸다고 느끼기 시작하는 가격"은 얼마부터 입니까?
질문3. "비싸다고 느끼기 시작하는 가격"은 얼마부터 입니까?
질문4. "아무리 품질이 좋더라도 너무 비싸서 살 수 없는 가격"은 얼마부터 입니까?

이 때 설문응답자는 기존의 인터넷만화에 대해 어느 정도의 지식이나 경험을 가지고 있는 사람들로 한정되었다. 그리고 나서 설문 응답자들의 답변들을 종합하여 다음 〈그림 1〉과 같은 도표를 그렸다.

그림에서 보라색 선은 질문 1 "너무 싸서 품질이 의심스러운 가격은 얼마부터 입니까?"에 대한 응답자들의 가격대별 비율이고, 빨간색 선은 질문 2 "싸다고 느끼기 시작하는 가격은 얼마부터 입니까?"에 대한 비율, 초록색 선은 질문 3 "비싸다고 느끼기 시작하는 가격은 얼마부터 입니까?"에 대한 비율, 파란색 선은 질문 4 "아무리 품질이 좋더라도 너무 비싸서 살 수 없는 가격은 얼마부터 입니까?"에 대한 비율을 도표화 한 것이다.

[그림 1] 인터넷 만화의 콘텐츠당 요금

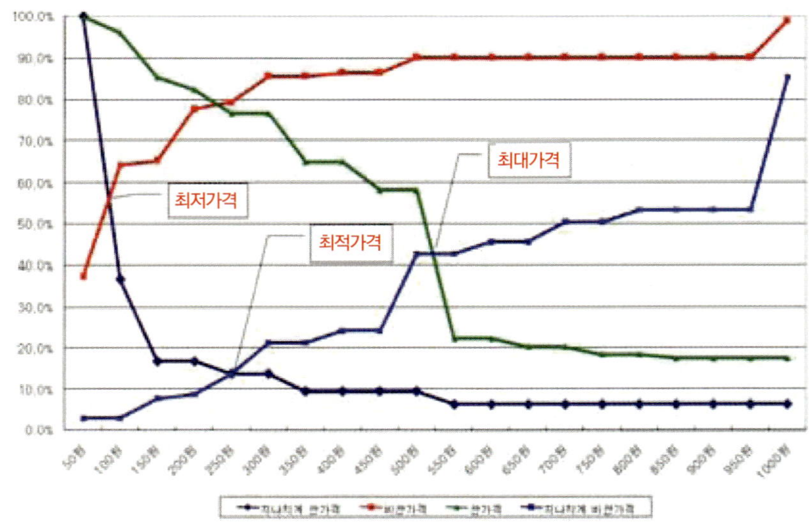

PSM은 이러한 네 가지 곡선들이 교차하는 점에서 소비자가 생각하는 적절한 가격대를 제시해 주는데, 보라색 선과 빨간색 선의 교차점, 즉 지나치게 싼 가격대와 비싼 가격대의 교차점이 소비자가 생각하는 최저가격(더이상 싸면 품질이 의심스러운 가격; 100원)이고, 초록색과 파란색 선의 교차점, 즉 싼 가격대와 지나치게 비싼 가격대의 교차점이 최대가격(더이상 비싸면 너무 비싸서 구독하기 어려운 가격; 500원)이다. 그리고, 가장 중요한 보라색 선과 파란색 선이 만나는 점, 즉 지나치게 싼 가격대와 지나치게 비싼 가격대가 만나는 점이 최적가격(소비자들이 가장 이상적으로 생각하는 가격)이다.

A 포털사이트는 이러한 PSM 분석결과를 통해 인터넷 만화의 콘텐츠당 가격이 250원이 적절하고, 가격대는 100원과 500원 사이가 적절하다고 잠정적으로 판단하였다. 하지만 가격결정의 전문가에게 상담한 결과 국내 소비자들이 상품 가격에 대해 자기가 실제 생각하고 있는 것보다 낮게 응답하는 성향이 있다는 정보를 얻게 되었다. 그리고 그 전문가는 PSM에서 나타난 최대가격이 우리나라 소비자들에게는 오히려 더 적절하다는 이야기도 해 주었다. 이에 A 포털사이트는 최종적으로 인터넷 만화의 콘텐츠당 요금을 500원으로 결정하였다. 그리고 이와 같은 PSM 분석을 시간당 요금, 1일 요금, 1개월 요금에 대해서도 실시하였다. 그 결과는 다음 〈그림 2〉, 〈그림 3〉, 〈그림 4〉와 같이 나타났다.

이러한 결과를 토대로 A 포털사이트는 새롭게 단장한 인터넷 만화의 요금을 콘텐츠 500원, 1시간 750원, 1일 2000원으로 가격을 결정하였다. 다만 1개월 요금에서는 다른 요금들과는 달리 최대가격으로 책정하지 않고, 최적가격인 5000원으로 책정하였다. 이는 경쟁 포털사이트의 가격과 큰 차이를 보였기 때문에 경쟁가격 정책을 일부 반영한 결과이었다.

[그림 2] 인터넷 만화 시간당 요금

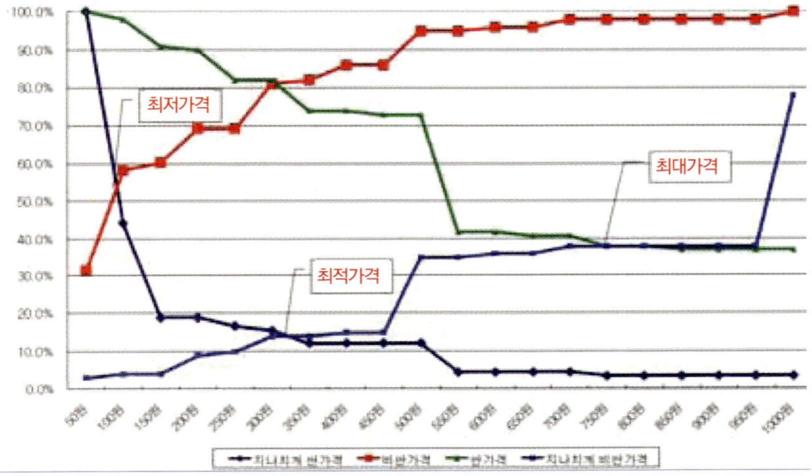

[그림 3] 인터넷 만화 1일 요금

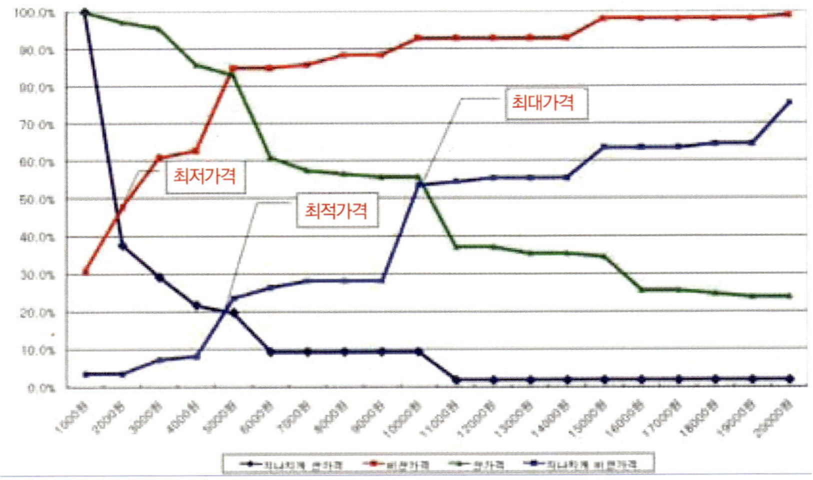

[그림 4] 인터넷 만화 1개월 요금

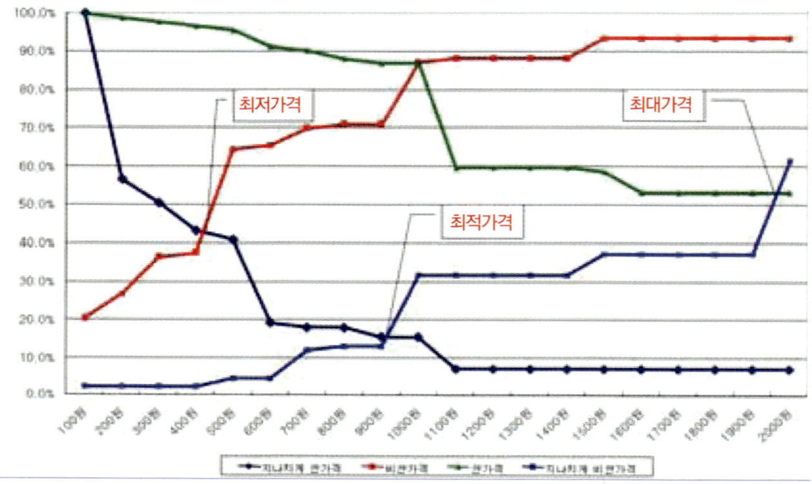

issues analysis

본 내용은 인터넷 포털사이트에서 상품구색을 확대하기 위해 도입한 인터넷 만화에 대한 가격을 결정한 사례이다. 사례에서 A 포털사이트는 유통업체들이 일반적으로 많이 사용하는 "매입가격+마진" 형태의 가격결정이나 경쟁자의 가격을 참고로 한 가격결정을 사용하지 않고, 고객들이 지불할 의향이 있는, 고객이 그 정도의 가치가 있다고 생각하는 수준을 찾아내고자 노력하였다. 이는 장기적으로 보았을 때, 유통업체의 이익을 극대화할 수 있는 가격 결정 전략이라고 할 수 있다. 고객이 느끼는 가치보다 비싸다면 고객은 재구매를 하지 않을 것이고, 고객이 느끼는 가치보다 싸다면 그것 또한 기업의 이윤을 극대화 할 수 있는 기회를 잃게 되는 것이라 할 수 있다. 이 두 가지 모두 잘못된 가격결정 전략이라 할 수 있다. 요컨대, 가격은 소비자의 가치를 기준으로 책정되는 것이 가장 좋다고 할 수 있다.

case 13-2

Dollar General의 EDLP는 지역주민에 대한 봉사

Dollar General 창업주의 손자이며, 최고경영자인 Cal Turner Jr. 에 따르면, 이 회사의 성공 이유는 간단하다. 강한 종교적 신념에 기초하여, Turner는 사람들이 자신들을 가치 있게 만들고 차별화시켜 주는 조직의 일부분이 되기를 원한다고 믿고 있다. 그는 "여러분이 화장지나 표백제를 그 업계의 어떤 누구보다도 싸게 판매하려고 결심할 때, 그것이 바로 성직입니다."라고 말했다.

Dollar General은 모든 단계에서 종업원들과 그 이익을 나누고, 금전적으로 어려운 고객들에게 높은 가치의 제품을 제공하면서 발전하고 있다. Dollar General의 점포 내의 안내문 프로그램과 시내 점포의 학습센터 실무 프로그램은 고객의 실생활에 변화를 제공해 주었다.

Dollar General의 첫 번째 점포는 1939년에 개업했다. 당시만 해도 싸구려 상품을 취급하는 작은 소매점이었지만 2009년 5월 현재 미국 35개 주 8,462개 이상의 점포를 거느리고, 90억 달러의 연매출과 69,500명의 종업원들을 보유하고 있는 거대한 소매체인이 되었다.

점포들은 인구 2만 5천명 이하의 작은 지역사회와 저소득 인구층이 밀집한 도시지역 내에 자리 잡고 있다.

Dollar General의 핵심 고객의 욕구를 파악하는 것은 점포의 개념을 이해하는 열쇠이기도 하다. Dollar General의 49퍼센트의 소비자들은 연간 20,000달러 이하의 총 가계수입을 유지하면서 EDLP의 진정한 의미를 이해하고 있다. 따라서 저가의 소비재와 의류를 공급하는 것이 최우선이다.

이를 위해 Dollar General은 가격이 비싼 내구재 보다는 상대적으로 저렴한 일반 소비재 상품들을 중심으로 구색을 갖추었다. Turner가 말하는 소비재(카키바지, 청바지, 티셔츠, 양말, 그리고 속옷)와 최상의 유행성 품목의 의류를 구분하여 공급하도록 제품라인을 변경했다. 또한 가격을 낮추기 위해 브랜드가 없는 '무상표 상품(generic merchandise)'에 대한 취급도 대폭 늘렸다.

가격결정 방법은 아주 간단하다. 예를 들어 "당신에게 10달러로 허리부터 머리끝까지, 20달러로 허리부터 발끝까지 입혀주겠다"라는 식이다. 핵심 품목의 판매가격은 1달러에서 30달러까지의 범위를 고수하고, 비핵심 품목은 50달러까지 높게 책정된다.

그야말로 지역의 저소득층 고객들에게 봉사한다는 신념이 가격정책에까지 연결된 것이다. 물론 유통업체는 무조건 싸게 공급하는 것이 바람직한 것만은 아니다. 고객들이 품질을 의심할 가능성이 높기 때문이다. 하지만 Dollar General처럼 종교적인 신념이 있다든지, 다른 특별한 이유가 있다는 것을 고객들이 안다면, 그리고 그 정도 싼 가격으로 판매해도 회사 운영에 충분한 이윤을 창출할 수 있다면 그것은 차별적인 경쟁력이 될 수 있다.

▌자료원 : www.dollargeneral.com

issues analysis

본 내용은 유통업체의 가격결정이 저소득의 지역주민들에게 봉사하고자 하는 창업주의 종교적 신념에 의해서 이루어진 사례이다. 이러한 사례는 다소 특수하다고 할 수 있다. 최근 기업의 사회적 책임에 대한 인식이 강화되면서, 유통업체들의 지역주민들에 대한 봉사가 특히 요구되고 있다. 하지만 국내의 많은 유통업체들은 그 진정성 면에서 지역주민들에게 인정받지 못하고 있다. 때문에 상품가격을 낮추는 것의 효과가 상대적으로 크지 않다. 이는 소비자들이 유통업체의 진정성에 의심을 갖고 있기 때문에 무엇인가 하자가 있기 때문에 가격을 낮추는 것 아닌가 하고 생각하기 때문이라 할 수 있다.

case 13-3

왜 여성들은 남성보다 많은 돈을 지불해야 하는가?

학력과 경력이 비슷한 여성과 남성을 비교해 보면, 보통 여성의 봉급이 남성에 비해 적다는 것은 잘 알려져 있다. 또한 이들이 미용에서부터 자동차에까지 제품이나 서비스에 더 많은 돈을 지불하고 있다는 사실도 잘 알려져 있다. 가격에도 성차별이 있는가?

성차별 가격을 해명하려는 것은 인종차별을 정당화 하는 것만큼이나 노력이 필요하지만 이러한 주장은 좀처럼 수그러들지 않는다.

왜 여성이 미용실에 가는 비용은 남성이 이발소에 가는 비용보다 비싸단 말인가? 이에 대해 사람들은 여성의 머리는 자르는데 만도 시간이 많이 걸리고 더 정교한 기술을 요하기 때문이라는 답변만 늘어놓는다. 미국 Pennsylvania에서 조사한 연구 자료에 의하면, 주 법률에서 엄연히 성차별가격을 금지하고 있음에도 불구하고, 130여 개의 미용실 중에서 90여 개 미용실이 남성보다 여성에게 더 많은 비용을 청구하는 것으로 드러났다.

미국 사례를 하나 더 들면, Massachusetts에서는 오랜 동안 세탁소에서 드라이클리닝을 하는 데도 남성보다 여성에게 더 많은 액수의 돈이 부담되었다. Massachusetts 검사원장 소속 사무실에서 조사에 나서 법에 저촉됨을 밝혔음에도 불구하고, 세탁소 주인들은 한결같이 남성용으로 제작된 세탁장비로 여성셔츠를 다리려면 더 힘들다는 반응만 보일 뿐이었다.

또한 보통 의류점 또한 남녀 의류를 수선하는데, 서로 다른 전문직원을 두고 있다. 남성이나 여성의류를 고치는데 그리 큰 차이가 없어야 하지만, 실상 수많은 의류점에서 남성에게는 옷을 무료로 개조해 주는 반면, 여성에게는 수수료를 부담시키고 있다는 사실도 드러났다.

의복 수선, 드라이클리닝, 미용처럼 남녀에게 제공되는 서비스가 차이를 드러내는 부분을 제외하고서라도, 여성이 차를 구매할 때 남성보다 더 많은 돈을 지불하고 있다는 사실에는 별다른 해명도 없다. 이와 같은 일은 우리나라에서도 크게 다르지 않다.

공식적인 가격이 다른 것 말고도 여성이 손해 보는 일은 많다. 예를 들어, 자동차를 구매할 때 여성들이 남성들에 비해 돈을 더 많이 쓴다. 자동차 판매원들은 종종 여성을 속이고 그냥 넘어갈 수 있다는 생각에, 이들에게는 남성에게 제공하는 무료 혜택을 제공하지 않는다. 하지만 부분적이라도 여성은 남성에 비해 절차상의 문제를 잘 모르기 때문에 남성보다 흥정에 약하다고 생각한다. 판매원들은 여성이 가격을 두고 실랑이하는 일에 익숙하지 않다는 사실을 알고, 이를 몰래 이용하고 있는 것이다. 성차별 가격은 여성들이 더 많은 교육을 받고 자동차를 인터넷 상으로 구입함에 따라 점차 줄어들 것으로 보인다.

하지만 여러 사업별로 봐도 여성의 주머니에서 나오는 돈은 그리 심각하게 문제되지 않는 것이 사실이다. 여성들이 돈을 더 내는 것에 싫증을 내지 않는다면 그들은 여전히 여성의 주머니에서 돈을 빼 갈 것이다. 정부에서 관련 법제도를 마련하는 것도 필요하겠지만 여성들 스스로 차별적인 가격정책에 대해 문제의식을 가질 필요가 있다.

issues analysis

본 사례는 여성과 남성 간의 가격차별에 대한 내용이다. 사실 똑같은 상품에 대해서 고객에 따라 가격을 차별화 하는 것도 유통업체의 전략이 될 수 있다. 특히, 서비스 유통업체가 그러하다. 예를 들어, 극장 관람료, 전시회, 공연 등은 대인요금과 소인요금이 있다. 우리는 이것을 당연하게 생각한다. 하지만 사실 서비스 업체입장에서는 소인들에게 가격을 더 받고 싶다. 시끄럽게 하고, 쓰레기를 많이 버리고, 이들의 안전을 위해 추가적인 비용이 들어가며, 부모를 잃은 아이들에게 부모를 찾아주는 일은 여간 힘든 것이 아니다. 하지만 단지 소인은 돈이 없기 때문에 소인요금을 부과하는 것이다. 물론 소인들을 데리고 오는 부모들에게 마진을 보전하고 있기는 하다. 이처럼 유통업체는 고객에 따라 전략적으로 가격을 차별화 할 수 있다. 하지만 비윤리적인 의도로 여성과 남성의 가격을 차별화하는 것은 심각한 문제라 할 수 있다. 만약 그러한 비윤리적인 의도가 고객들에게 알려진다면 그 유통업체는 심각한 타격을 입을 수 있기 때문이다. 업계 스스로도 이러한 일을 지양해야 하겠고, 정부도 이와 관련된 법 제도를 마련할 필요가 있다.

제14장

커뮤니케이션 관련 사례

14 _ 커뮤니케이션 관련 사례

case 14-1

고객의 심리를 판매촉진 전략에 활용하라

한정판매를 통한 판매촉진

상품이나 서비스 가치를 심리적으로 높이는 방법 중에 '제한성의 효과'가 있다. 빨리 사지 않으면 안 된다는 심리가 냉정한 판단력을 잃게 해 구매욕을 자극한다. '한 사람당 두 팩까지', '100개 한정품', '선착순 50명까지', 'ㅇ월 ㅇ일까지', '오전 11시까지', '타임서비스' 등 상품 수, 고객 수, 시간 등의 조건을 한정하면 '서두르지 않으면 안 된다'는 메시지를 발신하게 된다.

인간은 심리적으로 금지시킬수록 그에 대한 욕망을 확대시키는 경향이 있다. 상영금지 영화는 더 보고 싶고, 구하기 힘든 입장권에는 사람들이 몰리고, 몇 달씩 기다려야 하는 상품은 간절하게 갖고 싶어진다. 이를 이용한 것이 '한정성의 판촉'이다. 고객이 '한정'에 끌리는 또 다른 이유는 인간은 노력해서 획득한 것을 높이 평가하려는 심리가 있기 때문이다. 어렵게 구입한 상품에는 고생이라는 노력이 그 상품에 더해져 가치가 보다 높아진다.

미국 아웃렛은 1년에 두 번 염가 할인판매를 실시한다. 5월말 Memorial Day와 11월말 추수감사절 다음날이다. 특히 추수감사절 다음날부터 고객들이 인산인해를 이뤄 점포에 따라서는 입장을 제한하기도 한다. 이러한 경우에는 한 시간 이상 줄을 서 기다려야 한다. 한정판매 상품을 구입하기 위해 고객들이 몰리기도 하는데, 이는 수량의 '제한성' 때문이다.

또한 미국 LA의 오픈 프라이스 스토어 Ross에서는 매주 화요일 55세 이상 고객에게 10%의 추가할인을 실시하고 있다. 점포에서는 화요일이 가장 한가하기 때문에 집객을 목적으로 실시하게 되었는데, 고객들이 대거 몰려 주차 공간 확보에 어려움이 많다. 이는 기간의 한정성을 활용한 사례이다. 슈퍼마켓 Safeway에 의하면 기간한정, 객수한정, 수량한정, 시간한정 중에서 수량한정이 가장 효과적이라고 한다.

비교 상품을 통한 판매촉진

고객은 비교를 통해 자신의 구매를 결정하고자 한다. 소매점은 POS데이터 발달에 의해 인기상품과 비인기 상품을 구분할 수 있게 됐다. 그 결과 상품구색을 압축해 대부분 점포들의 구색이 비슷해졌다. 상품구색이

비슷비슷하면 결국 고객은 싼 점포로 향하기 마련이다.

인간은 사물을 결정해야 할 때 주어진 조건을 비교하면서 최선을 선택하고자 한다. 쇼핑 중에도 고객은 가격, 양, 서비스, 점포의 분위기, 상품품질이나 기능, 디자인 등 항상 비교대상에 빗대 결정한다. 이 비교대상을 앵커anchor라고 부르는데, PB상품 가격이 얼마나 싼 가를 알리기 위해 NB상품을 앵커로 활용할 수 있다. 즉, PB상품만 진열하면 잘 안 팔리지만 NB라는 비교상품을 같이 진열하면 PB판매량이 증가한다. 또한 할인판매를 실시할 때, 가격표에 정상가격과 할인가격을 함께 고지하는 것도 비교대상을 보여주기 위함이다. 판매상품의 매력을 높이려면 이렇게 앵커를 잘 활용할 줄 알아야 한다.

고가 화장품 A와 저가 화장품 B를 함께 판매하고 있는 점포가 있다. 점포에서는 A를 판매해 매출을 높이고자 한다. 이 경우, 고가품 A와 동일한 가격대의 상품이지만 매력도가 떨어지는 C상품을 도입하면, A가 많이 팔리게 된다. 저가품 B는 고가품 A의 앵커가 되지 못하므로 C를 도입해 A의 앵커로 활용해야 한다. 즉, 비교할 수 있는 C를 통해서 A의 매력도나 가치를 높여 사람들의 구매 욕구를 자극하는 것이다.

또 다른 앵커 활용법이 있다. 가정용 정수기를 판매하는 경우, 900달러나 되는 고가 정수기를 고객에게 보여주고 설명을 해 준 후 650달러의 정수기를 보여주면 사람들의 머릿속에는 900달러 상품이 앵커가 되므로 650달러의 정수기를 사게 된다. 실제 비슷한 수준의 기능을 갖고 있는 상품이 500달러에 판매되고 있는데도 말이다.

고객이 고가 화장품과 저가 화장품 중 어느 것을 선택하면 좋을지 갈등하고 있다. 이런 경우, 중간 가격대 상품을 권해 주면 고객은 기쁜 마음으로 그것을 선택하게 된다. 인간은 통상적으로 평균을 선택하려는 경향이 있기 때문이다. 평균을 선택하려는 경향은 중간 브랜드나 가격대의 구색이 중요하다는 것을 의미한다. 특별한 취향이 없다면 고객은 무난하게 평균적인 상품을 선택한다. 이 경우 저가, 고가 상품이 앵커역할을 하게 된다.

▌자료원 : 리테일 메거진 2008년 10월호, pp.130-131, "고객은 왜 한정판매를 좋아 하는가"의 내용을 발췌하여 정리함.

issues analysis

본 사례는 유통업체 커뮤니케이션 중 점포 내의 판매촉진에 관한 내용이다. 사례를 보면 판매촉진 특히, 한정판매와 앵커제시의 방법들이 왜 효과가 있는지? 소비자의 어떠한 심리를 자극하는 지에 대해 잘 나타나 있다. 우리가 잘 알고 있듯이 할인점이나 슈퍼마켓에서 소비자들이 구매하는 상품들은 사전에 계획한 상품보다 계획하지 않고 구매한 상품이 더 많다. 이는 오랜 기간 연구된 소비자 심리에 대한 이해와 정교하게 개발된 점포 내 판매촉진 활동 때문에 가능한 일이라 할 수 있다. 우리가 소비자의 심리를 알면 알수록 소매 커뮤니케이션 효과 뿐 아니라 매출도 늘어나게 될 것이다.

case 14-2

Neiman Marcus의 카탈로그는 전통이 있다

미국 Texas에 본사를 두고 있는 Neiman Marcus는 1907년에 설립된 역사와 전통을 자랑하는 최고급 럭셔리 백화점이다. 이 회사의 크리스마스 카탈로그는 아마도 가장 잘 알려진 소매 카탈로그일 것이다. 이 명성은 너무도 기발한 his-and-hers gifts라는 전통 때문이다. his-and-hers gift는 도저히 상상하기 어려운 선물로 Neiman Marcus의 고객에 대한 크리스마스 선물인 셈이다.

크리스마스 카탈로그는 1915년 Neiman Marcus 고객에게 휴일에 매장을 방문하라는 초대의 의미로 배포되었다. 50년대 후반부터 Neiman Marcus는 고객들에게 매장이나 다른 카탈로그에는 없는 독특한 상품을 선보이기 시작했다. 첫 번째 선물은 1951년에 추천한 vicuna coats(라마 털로 짠 코트) 한 벌이었다. 1959년에는 까만 수송아지였는데, 산채로 받거나 스테이크로 받을 수 있었다. 이는 엄청나게 홍보가 되었으며, 전국적으로 주목을 받게 되었다.

다음 해에 Neiman Marcus는 첫 his-and-hers-gift로 Beechcraft airplanes(목공예 비행기) 한 쌍을 선보였고, 그 때부터 역사가 시작되었다. 그 동안의 his-and-hers gift로는 흰 담비 가죽 목욕가운, 열기구, 중국 돛단배, 낙타 한 쌍 등이 있었다. 가장 값비싼 선물은 2백만 달러에 이르는 his-and-hers 다이아몬드였다. 대부분의 이 선물은 모두 팔렸다. 가장 많이 광고한 초콜릿 Monopoly 세트는, Playboy Enterprise의 사장인 Christie

Hefner가 Playboy 잡지의 설립자인 그의 아버지 Hugh Hefner를 위해서 구입했다.

새 천년을 기념하는 Neiman의 his-and-hers gift는 미국 국토의 야생 동식물 보호를 위해 The Nature Conservancy(자연보존관리위원회)에 후원하는 것이었다. "우리는 새천년을 맞이하면서 지속적으로 발전해 나갈 수 있는 선물을 드리고자 합니다."라고 카탈로그 회사인 NM Direct의 사장인 Sharen Jester Turney가 취지를 설명했다. "모든 것을 미래로 되돌려 주자는 것입니다." Neiman Marcus는 자연보호를 위해 20만 달러 후원을 목표로 하지만 환경 단체는 전국에서 보다 많은 후원도 가능하다고 한다. 1999년 크리스마스 카탈로그에는 다양한 값 비싼 장난감과 식당, 침실, 목욕탕이 있는 3천 5백만 달러짜리 Boeing 제트기와 9만 8천 달러짜리 자동 Venturer 경주용차와 오토바이 시뮬레이터가 실렸다.

2002년에는 Andy Warhol의 3백만 달러짜리 그림집 "The Athlete's Series"와 Neiman Marcus 한정생산의 BMW 645Ci Coupe(7만 5천 달러) 등이 들어 있었으며, 2005년에는 150만 달러에 달하는 Elton John과의 개인 콘서트가 들어 있었다. 작년에는 Jack Nicklaus가 디자인한 백야드 골프 코스(backyard golf course)가 들어 있었다. 크리스마스 카탈로그는 매장에서 15달러에 구입할 수 있다.

▮ 자료원 : http://www.neimanmarcus.com

issues analysis

본 내용은 최고급 백화점의 판매촉진 방법에 대한 전형적인 지침을 제공하는 사례이다. 사례에 나오는 Neiman Marcus는 럭셔리 백화점으로 유명한데, 그 명성에 걸맞은 판매촉진을 수행하고 있다. Neiman Marcus 같은 최고급 백화점은 sale행사와 같은 가격과 관련된 판매촉진 보다는 선물과 같은 비가격 판매촉진이 바람직하다. 가격과 관련된 판매촉진은 자칫 백화점의 고급스러운 이미지를 손상시킬 수 있기 때문이다. sale행사를 통해 단기적인 매출을 향상시킬 수는 있지만 sale행사가 자주 있게 되면 백화점과 백화점에서 판매하는 상품들에 대한 지각된 가치가 낮아지게 된다.

우리나라의 백화점들을 살펴보면, 소위 Big 3 백화점들이 저마다 자기가 최고급 백화점이라고 주장한다. 하지만 한편으로는 서로 바겐세일 경쟁도 하고 있다. 앞뒤가 맞지 않는 이야기이다.

case 14-3

American Eagle Outfitters는 TV프로그램과 제휴를 통해 고객과 커뮤니케이션을 하였다

American Eagle Outfitters(AEO)는 미국 Pennsylvania주 Pittsburgh를 기반으로 하고 있는 의류와 악세사리 소매업체이다. 1977년에 설립된 이 회사는 현재 137개의 매장에서 12,000명이 넘는 종업원을 보유하고 있다.

본래 AEO는 활달하고 야외생활을 즐기는 젊은 사람을 겨냥했다. 이를 위해 AEO는 Patagonia와 Timberland 같은 미국 국내 브랜드를 주로 취급하였다. 하지만 매출과 이익이 하락하면서 AEO는 전통적인 이미지에서 보다 유행의 첨단을 걷은 이미지로 이동하기 위한 재포지셔닝 전략

AMERICAN EAGLE OUTFITTERS

을 수립했다. 즉, 이 회사는 패션 감각이 있고 값도 적당하며 매우 미국적인 캐주얼풍 의류를 원하는 16세에서 34세의 고객층이 좋아할 만한 의류를 추구했다.

AEO는 이를 위해 상품구색과 커뮤니케이션 전략을 변경했다. 먼저 상품구색 차원에서 골반바지(low-rise jeans), Polo 셔츠, AE로고 등이 들어있는 그림무늬 티셔츠, 카키색 슬랙스 같은 기본 의류 아이템을 유행하는 디자인으로 개발했다.

이 회사는 인기 있는 Warner Brothers TV 프로그램인 Dawson Creek의 제작자와 제휴관계를 맺으면서 보다 유행하는 이미지를 강화했고, 이 프로그램의 배우들이 AEO의 의류를 입고 회사 광고에서 나타나게 하는 특별한 점포 내 판촉을 벌이도록 하였다. Dawson Creek은 순박하고 고민이 많은 미국 10대들의 이야기를 다룬 드라마인데, 이 드라마의 시청자들은 AEO에서 표적으로 삼고 있는 고객들과 유사한 집단이었다. 때문에 AEO의 TV 프로그램을 통한 커뮤니케이션 전략은 10대와 젊은 층에게 크게 어필하였다.

또한 점포들에는 계절별 패션테마와 익스트림 스포츠에 참가하는 운동선수들을 비추는 평면 스크린 모니터를 설치하였다. 뿐만 아니라 높은 유리창문은 스테인리스 강철과 알루미늄이 혼합된 짙은 색의 나무 같은 원료가 독특하게 혼합된 재료를 사용하여 제작하였다. AEO의 이와 같은 노력이 결실을 맺어 AEO는 작년 37억 달러의 대단한 영업이익을 거두었다.

issues analysis

본 내용은 유통업체가 TV 프로그램을 활용하여 고객과 커뮤니케이션에 성공한 사례이다. 사례에 나오는 American Eagle Outfitters는 표적 고객층이었던 10대와 젊은 층에게 인기 있었던 TV프로그램과 제휴를 맺고, 출현하는 배우들을 이용해 회사를 홍보하여 성공하였다. 우리나라에서도 PPL^{Product Placement} 등을 이용해 TV나 영화에서 특정 브랜드를 홍보하는 것이 일반화되었지만 국내의 유통업체들은 아직 이러한 커뮤니케이션 전략에 소극적이다. 이러한 상황에서 AEO의 커뮤니케이션 전략은 향후 우리나라 유통업체들이 TV 프로그램을 이용한 커뮤니케이션 전략을 수행하는데 지침이 될 수 있다.

case 14-4

아줌마를 위한 백화점 Zellers

Zellers는 캐나다에서 두 번째로 큰 할인형 백화점(mass merchandise department stores)으로 Toronto에 본사를 두고 있다. Hudson's Bay(HBC)의 자회사이기도 하다. Wal-Mart가 캐나다 시장에 들어왔을 때, 처음부터 Zellers가 가격 경쟁에서 성공적이었던 것은 아니었다. 때문에 Zellers는 Wal-Mart의 저가 이미지와 백화점의 하이패션 및 고가의 이미지 사이에 위치하기 위해서, 통합 커뮤니케이션 프로그램이 지원하는 소매전략을 개발했다.

CEO인 George Heller는 "우리는 표적 고객인 아줌마Mum을 만족시켜야 한다. 우리는 고객을 CEO 가족처럼 대접하여 그들에게 즐거운 쇼핑 경험을 제공할 것이다." 라고 강조했다. 새로운 이미지를 전달하기 위해 Zellers는 유일한 유통업자 브랜드인 Cherokee and Martha Steward Everyday를 패션 선도제품으로서가 아니라 지금 패션에 딱 맞는 상표로서 광고했다.

점포분위기는 점포를 둘러보기 어렵게 하던 거대한 상품박스와 팔레트를 치움으로써 확 달라졌다. 시야를 개선하고 정해진 색으로 표지판을 통일함으로써 카테고리를 고객들이 찾기 쉽게 만들어 놓았다. 상품은 접근성을 높이기 위해 낮게 쌓아올렸고, 벤치를 만들어 고객들이 쉴 수 있도록 했다.

Zellers는 점포 충성도를 구축했고, Club Z 프로그램을 통해 이를 강조했다. 고령자를 위한 Advantage 60, Club Z 멤버의 자녀 어린이를 위한 Generation Z 와 같이 각각 다른 프로그램에 11만 명이 넘는 Club Z의 회원들이 참여하고 있다.

커뮤니티 프로그램은 보상으로 환원 받을 수 있도록 상호간 연합과 커뮤니티 활동이 가능하도록 하였다. Zellers에서의 상품과 서비스 구매 및 Zellers의 사업파트너가 loyalty point를 받는 것은 보상 카탈로그에 있는 상품이나 매장내의 상품할인, 자선기관에 기부하는 형태로 환원 받을 수 있다. Advantage 60, Generation Z 회원에게는 특별 보상이 주어진다. In-store bonus 프로그램은 회원들이 포인트를 두 배로 받을 수 있도록 해 준다.

현재 캐나다 전역에 걸쳐 282개의 매장을 가지고 있는 Zellers는 최근 할인형 백화점 모델에서 서서히 벗어나고 있고, 상품의 품질과 차별적인 고객서비스를 제공하기 위해 노력하고 있다. 이러한 모습은 마치 미국의 Target과도 유사하다.

issues analysis

본 내용은 표적고객에 따라 유통업체의 커뮤니케이션 전략이 달라질 수 있다는 점을 보여주는 사례이다. 사례에서 Zellers는 표적고객을 아줌마로 잡고, 아줌마들이 좋아하는 쇼핑경험을 제공하기 위해 매장 분위기에서부터 다양한 커뮤니티 프로그램까지 통합 커뮤니케이션(Total Marketing

Communication)을 수행하였다. 비록 다른 백화점들처럼 럭셔리하지는 않지만 표적고객에게는 너무나도 편안하고, 가족과도 같은 느낌을 받게 하고자 노력하였다.

최근 국내 백화점들은 저마다 차별적인 마케팅을 수행한다고는 하지만 사실 추구하는 방향이 거의 유사하다. 서구식의 고급백화점을 지향하고 있다. 하지만 '몸빼바지'를 입은 아줌마가 편안하게 돌아다니면서 쇼핑할 수 있는 그런 백화점이 우리나라에도 하나쯤은 있어도 좋을 것 같다.

제15장

Visual Merchandising 관련 사례

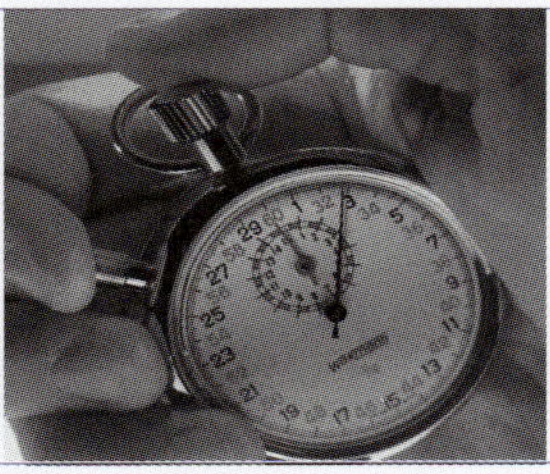

case 15-1 Zara가 대형매장을 선호하는 이유는?

case 15-2 예쁘게 하는 것 보다 고객이 편리하게 하는 것

case 15-3 전문가가 본 2009 VMD 트렌드

15 _ Visual Merchandising 관련 사례

case 15-1

Zara가 대형매장을 선호하는 이유는?

스페인에 본사를 두고 있는 패션 브랜드 Zara는 신상품을 개발해서 매장에 진열하는 데 소요되는 시간이 단 2주밖에 걸리지 않는 것으로 유명하다. 동종업계의 평균 신상품 런칭 기간이 6개월인 것과 비교했을 때, 매우 놀라운 스피드이다. 이러한 스피드로 연간 1만개 정도의 새로운 디자인을 런칭한다. Zara는 광고를 전혀 하지 않고, 새로운 매장을 오픈하는데 중점을 둔다는 점이 다른 브랜드들과 차별적이다. Louis Vuitton의 패션 디렉터 Daniel Piette는 “Zara는 세계에서 가장 혁신적이고 파괴적인 소매업체일 것이다”라고 말했을 정도로 Zara는 현재 세계의 패션 트렌드를 이끌어가고 있는 가장 대표적인 브랜드 중 하나이다. 이러한 Zara는 초대형매장을 선호하는 것으로도 유명하다. 1층짜리 건물을 사용할 때에는 건물 전체를 매장으로 꾸미기도 한다.

Zara가 대형매장을 선호하는 이유는?

사실 2주 만에 상품기획에서 매장 런칭까지 집행하는 fast fashion brand들은 대개 6, 7주 정도면 신상품의 판매까지 모든 작업을 마무리한다. 전 세계에서 동시에 짧은 기간 동안 집중적으로 신상품을 판매하는 것이 Zara의 잘 알려진 전략이다. 하지만 이러한 전략은 팔리지 않는 재고가 많을 때, 매우 위험한 전략이고, 재고를 얼마나 빨리 소진시키느냐가 Zara 신상품의 성공 여부와 밀접한 관련성이 있다.

따라서 이러한 Zara의 전략에는 대형매장 보다는 소형 매장이 적합하다. 왜냐하면 대형 매장을 운영하면 수많은 상품을 함께 진열해야 하기 때문에 신상품을 집중적으로 판매하기가 쉽지 않다. 자칫 신상품의 재고 부담이 크게 늘어날 수도 있다. 그런데도 Zara는 대형 매장을 고집한다. 그 이유는 무엇일까?

1. VMD(visual merchandising)가 Zara의 가장 중요한 커뮤니케이션이다.

Zara는 앞서 언급했듯이 광고를 전혀 하지 않는다. 대신 새로운 매장을 오픈하고, 매장의 VMD를 통해 고객과의 커뮤니케이션을 한다. 그런 Zara의 전략을 위해서는 매장이 일단 크고 봐야 한다. 매장이 작으면 고객들이 머무르는 시간도 짧다. 하지만 대형매장의 경우에는 고객들이 잠깐 들렀다가 나오기가 어렵다. 최소 몇 분이라도 매장에서 시간을 보내야 한다. 게다가 VMD까지 마음에 든다면 고객들은 더 오랜 시간을 머무르고 싶어 할 것이고, 자연스럽게 Zara가 팔고자 하는 상품들이 노출될 확률도 높아진다.

2. 다양한 상품전시 방법을 활용하기 위해 대형매장이 필요하다.

Zara는 고객의 효과적으로 유도하기 위해 다양한 상품전시 방법을 활용하고 있다. 매장 입구에 별도의 디스플레이를 설치해서, 고객들이 지루하지 않게 하고, 이곳에 다양한 상품을 전시한다. 전시방법도 접어두거나, 옆으로 걸거나, 정면을 드러내는 등 다양한 형태를 이용한다. 똑같은 패션일 지라도 다양하게 전시함을 통해 디자이너가 전달하고 싶은 디자인 요소들을 고객들에게 모두 보여줄 수 있다. 매장이 좁아서는 이러한 전시방법을 사용할 수 없다.

Zara가 추구하는 또 다른 전시방법은 넓은 매장에 적은 수의 상품을 진열하는 것이다. 이는 특정 상품에 대한 주목도를 높이기 위한 방법인데, 이를 위해서도 대형매장이 필요하다.

3. 매장 디자인을 차별화하기 위해서는 충분한 공간이 필요하다.

Fast fashion brand인 Zara는 중저가 브랜드이다. 하지만 매장 디자인은 중저가 이미지가 아니다. Zara는 가장 중요한 커뮤니케이션 수단인 매장의 VMD를 추구하는 만큼, 다른 중저가 outlet의 매장 분위기, 예를 들어, 간이판매대에 물건을 쌓아두는 등의 방식은 절대 허용되지 않는다. Zara는 과감하게 black 톤으로 매장 디자인을 구성했고, 최대한 고급스러운 느낌이 나도록 VMD를 하고 있다. 좁은 매장 안에 물건을 잔뜩 쌓아두는 것은 이러한 Zara의 매장 VMD 전략과 맞지 않는다. 따라서 이를 위해서라도 대형 매장이 필요하다.

4. Zara는 spot 조명을 사용한다.

Zara는 주력 판매상품에는 spot 조명을 사용한다. 이는 고객의 시선을 분산시키지 않고, 특정 상품에 주목시키는 효과가 있다. Zara는 전체 조명은 은은하게 줄이면서, 특정 상품에 집중적으로 빛을 투사하는 spot 조명을 사용하는데, 이는 넓은 매장에서 여기저기 돌아다니는 고객들의 시선을 붙잡는데 효과적이다. 때문에 다양한 상품구색을 유지하면서도, 특정 상품에 대해서는 단기간에 판매를 극대화할 수 있는 조명 전략이 될 수 있다.

5. 고객 편의시설도 필요하다.

Zara는 중저가 브랜드이기 때문에 고객들이 옷을 한 벌 사는 경우보다 여러 벌 사는 경우가 더 많다. 때문에 고객들이 많을 경우 옷을 갈아입을 수 있는 탈의실도 충분히 필요하고, 포장과 계산을 하는 공간도 비좁아서는 안 된다. 이 또한 Zara가 대형매장을 선호하는 이유 중 하나이다.

issues analysis

본 내용은 매장의 VMD를 마케팅 커뮤니케이션의 핵심으로 두고 있는 Zara의 매장 VMD 전략에 대한 사례이다. 위 사례에서 Zara는 넓은 매장을 통해 Zara가 추구하고 있는 차별적인 매장 콘셉트를 전달하고 있으며, fast fashion brand로서 신상품의 집중적인 판매 전략에도 활용하고 있다. 아직도 국내 유통업체들은 VMD가 단순히 매장을 보기좋게 하는 것으로 이해하는 경우가 많다. 하지만 매장은 곧 브랜드이고, 가장 효과적인 고객 커뮤니케이션 수단이다. 많은 국내 유통업체들이 브랜드를 관리한다는 장기적인 관점에서 매장 VMD를 구성하지 않고, 단기적인 매출확대나 원가절감 차원에서 진행하고 있는 것이 현실이다. Zara는 이러한 생각을 가지고 있는 유통인들에게 좋은 본보기가 될 수 있다.

case 15-2

예쁘게 하는 것 보다 고객이 편리하게 하는 것

Piggly Wiggly는 미국의 중서부와 남부를 중심으로 영업하고 있는 슈퍼마켓 체인이다. 1916년 Tennessee주 Memphis에서 설립된 Piggly Wiggly은 최초의 진정한 셀프서비스 그로서리라 할 수 있다. 이후 많은 그로서리 체인들이 Piggly Wiggly의 셀프서비스 형식을 채용하였다. 회사가 가장 번성했을 때는 2,660개 점포에서 1억 8천만 달러의 연매출을 보이기도 하였다. 하지만 현재는 600개의 독립적으로 소유된 Piggly Wiggly 점포가 미국의 17개 주에서 영업하고 있다.

이러한 Piggly Wiggly가 매장 진열방식과 VMD 혁신을 통해 다시금 도약하고자 노력하고 있다. 2009년 4월 Carolina 주 남부지역에 위치한 Myrtle Beach의 The Market Common에 들어선 Piggly Wiggly 매장은 4,000m^2 규모에 진보된 기술과 한 단계 업그레이드 된 상품진열 방식을 선보였다.

Piggly Wiggly는 고객들이 식사를 준비할 때 사용하는 순서대로 식품을 묶어서 진열하는 전통적인 식품 소매점 포맷에서 벗어나 새로운 진열법을 택했다. Piggly Wiggly는 고객들이 고객들도 원하는 방식대로 쇼핑하면서 그 시간을 충분히 재미있게 보낼 수 있도록 소매업체들이 창의적으로 진열에 접근할 필요성을 느꼈고, 이러한 고객들의 편의에 부응하고자 관련 상품들을 한 곳에서 구매할 수 있게 하였다. Piggly Wiggly의 최고경영자인 David School은 "우리 매장에서는 한 끼 식사를 준비하기 위해 고객이 여러 개의 곤돌라를 돌아다니며 재료를 구입할 필요가 없다."고 말했다.

점포 편의보다 고객 시각에서 진열

Market Common점의 진열방식은 이런 식이다. 신선채소, 냉동채소, 캔에 담긴 채소가 한 그룹, 시리얼과 우유가 한 그룹, 커피와 크림이 한 그룹, 조미료와 고기가 한 그룹이 되어 같은 위치에 진열돼 있다. 이는 점포 입장이 아닌 고객 니즈를 고려해 설계된 것이다. Piggly Wiggly 측은 이러한 진열 방식이 보다 편리한 쇼핑을 돕는다고 판단했다.

Piggly Wiggly Market Common점이 시도한 포맷은 새롭게 개발된 냉각기술의 이점을 활용한 것이다. 새로운 기술로 냉동, 냉장 품목들에 대한 기존의 진열한계를 뛰어넘을 수 있었던 것이다. 냉각 신기술은 개별 품목별로 냉각할 수 있어서 더 이상 한 장소에 모든 냉동식품을 보관할 필요가 없어졌고, 매장 어디에나 냉동박스들을 진열할 수 있게 되었다. 이 때문에 베이커리 코너에 갓 구운 베이글과 냉동 베이글을 나란히 진열하고, 신선식품 코너에 냉동채소를 진열할 수 있다.

Market Common점에서 또 한 가지 특이할 만한 것은 HRM업체인 Dream Dinners와 원스톱 스테이션을 통해 완벽한 home meal solution을 제공하고 있다는 것이다. 예를 들면, 매장에는 총 5개의 스테이션이 있는데 한 스테이션에서 갈은 쇠고기, 햄버거 빵, 칩스와 맥주 등 바비큐 파티를 위한 상품들이 함께 진열되어 있는 식이다.

Market Common점의 또 다른 포인트는 커다란 개방형 주방이 있다는 것이다. 이 곳에 매장 내 판매되고 있는 다양한 조리식품들을 모두 진열하고, 쇼핑객들을 불러 모으는데 이로 인해 매장 전체가 활기가 넘친다.

따뜻하면서 현대적인 인테리어

Market Common점의 전체적인 느낌은 따뜻하고 현대적이며, 비닐 원목 바닥재와 부드러운 조명은 고급스런 분위기를 자아낸다. 매장 디자이너인 Dugas는 South Carolina 주의 다른 Piggly Wiggly 매장을 관찰한 결과, 후진국에서 주로 사용하는 흑갈색과 녹색톤들을 강조하고 있다는 사실을 발견 하였다. 또한 각종 장식들이 강조되다 보니 정작 상품들이 강조되지 않는 것도 발견하였다.

이에 Market Common점은 상품에 초점을 두기 위해 매장 전체의 조도를 낮췄다. 그러나 너무 어둡거나 극장에 온 듯한 느낌이 들지 않도록 하기 위해 좀 더 고급스러운 메시지들을 전달하고자 했다. 예를 들면, 매장 내 그래픽 요소나 사인물을 최소화하고, 마치 평면 스크린처럼 보이는 후방조명 그래픽을 사용했다. 단순하면서도 직설적인 이 그래픽은 전체적으로 사진 이미지들이 살짝 가미돼 있다. 곤돌라 끝에 부착돼 있는 통로 방향이나 카테고리 안내판 역시 단순한 디자인이다.

Market Common점은 고객들이 상품이 아닌 다른 요소들 때문에 시각적으로 산만해지는 것은 방지하고자 노력하였고, 매장 내 모든 것이 고객들에게 깨끗하고 심플하게 보일 수 있도록 노력했다. 이렇듯 Market Common점에는 Piggly Wiggly의 실험적인 시도가 곳곳에 반영돼 있다. 회사 측은 이에 대한 고객들의 반응에 따라 향후 매장 가이드

라인을 세울 계획이다.

▮ 자료원 : 리테일메거진 2008년 10월호 pp.106-107, "진열 원칙 깬 고객 편의형 슈퍼마켓"의 내용 중 일부를 발췌하여 재작성함

issues analysis

본 내용은 매장의 진열과 VMD를 고객관점에서 재설계함을 통해 매출을 확대하고자 하는 유통업체의 전략에 관한 사례이다. 사례에서 나오는 Piggly Wiggly는 고객들이 과연 무엇을 원하는 가에 대한 진지한 고민 끝에 고객들의 편의성을 극대화하는 진열 방식을 택하였고, VMD도 고객들이 상품을 쉽게 찾고, 구매할 수 있도록 하기 위해 직설적이고 심플하게 구현하였다. 이처럼 VMD는 고객들의 편의성을 극대화하는 관점에서도 구현될 수 있다.

case 15-3

전문가가 본 2009 VMD 트렌드

Theme Vision

올해는 Sustainability(환경보존 이미지화), Story(이야기 전달), Consilience(상반의 창조적 융합) 3가지의 테마를 중심으로 표현될 것으로 전망된다.

1. Sustainability

환경보존이라는 화두는 올해도 VMD업계를 달굴 것으로 보인다. 특히 쇼윈도연출을 통해 환경보존의 메시지를 전달하려는 매장이 경쟁적으로 늘고 있다.

하찮게 보이던 재활용품이나 일상의 흔한 물건들을 소재로 자유롭게 재창조하여 재미와 예술성을 펼쳐내는 한편, 눈과 마음을 쉴 수 있는 깊은 'Green' 연출로 행인의 발길을 멈추게 하려는 경향도 지속될 전망이다.

2. Story

극적 장면의 연출은 사회적 이슈, 계절성, 인기인, 영화 등 다양한 요소를 배경으로 고객들과의 친밀한 교류를 이끌어내고 있다. 최근 고객들은 호기심을 자극하거나 유머를 전달하는 디스플레이를 통해 흥미로운 상상과 웃음을 맛보려는 욕구가 커지고 있고, 실제로 이에 따른 해외 매장들의 대응이 더욱 빈번하다.

3. Consilience

상반된 요소끼리의 융합을 통해 창조적인 조화를 이뤄내는 경향은 신선한 감동으로 한층 세련미를 더해가고 있다. 천연과 인공의 조합, 시대와 지역을 초월한 미의 행진을 VMD현장에서 점점 더 확인하게 될 것으로 내다본다. 유명 인테리어 전시회에서 선보인 이 개념의 소재, 가구, 조명 등이 VMD 현장에서도 좋은 파트너가 될 것으로 보인다.

Presentation Factors Vision

1. Mannequins

브랜드 아이덴티티 구축에 큰 역할을 할 만큼의 독특한 마네킹의 형태는 더 나아가 극적인 장면 연출까지도 해낼 수 있는 다양한 동작과 표정 연기를 시도하는 경향으로 확대되고 있다. 마네킹에 가면을 씌우거나 다른 소재를 부착하는 아이디어도 고객에게 좀 더 개성적 이미지를 전달하는데 효과를 준다. 다양한 형태, 색, 동작, 표정은 매장이 추구하는 VMD 차별화를 위한 도구로서 더욱 경쟁력을 발휘할 것으로 내다본다.

2. Lighting

에너지 절감이 절실해지면서 백열램프, 할로겐램프 사용이 감소되고 있는 반면 효율이 좋은 조명들에 대한 요구가 커지고, 특히 LED의 사용은 큰 호응을 얻어왔다. 장식조명에서 일반 조명화에 이르게 된 LED의 확산 속도는 경기침체라는 갑작스런 벽에 부딪치면서 그 동안의 흐름에 비해 다소 주춤해질 듯하다. 초기 설치비가 아직 많이 든다는 점이 시기적으로 부담될 수 있기 때문이다. 조명의 사용이 빈번해지면서 연출공간의 장식용으로 LED, CCL(cold cathode lamp), 광섬유, 네온 등의 활용이 다양해지고 있다.

3. Fixtures

자유로운 형태를 추구하는 창조적 시도는 인테리어 장식과 집기의 경계를 넘나들기도 하고 트렌드에 민감한 장식성을 강화해가고 있다. 집기 내에 부착되는 형광등이 LED로 바뀌는 추세에 따라 콤팩트한 집기 형태가 더 개발될 가능성을 예측할 수 있다.

4. Props

크리스털 투명소재의 광택이나 반투명 소재의 빛 투과를 이용한 장식, 수공예품 모티브, 그래픽 요소가 지속적으로 활용되고 있다. 연출효과를 위해 움직임, 반짝임, 색상변화를 이용하려는 경향에 따라 바람이나 조명에 관련된 기술적 접근도 증가하고 있다.

5. Materials

환경 친화적인 소재로서 종이나 나무, 간편하고 가벼운 비닐, 우드락, 시트의 사용이 계속 인기를 끌 것으로 내다본다. 경쾌한 광택의 메탈, 크리스털 등은 흰색의 다른 요소와 함께 Futuristic Green의 중요한 표현 요소로 주목받고 있다.

6. Signage & POP

대형의 digital billboard나 projector를 이용한 영상광고와 사인이 증가하면서 양보다 질적인 효과를 추구하고 있다. 현장의 그래픽 요소가 개성을 발휘하고 매출에 효과를 보면서 개발 요구도 커질 수 있을 것이다.

▮ 자료원 : 월간 유통저널, 2009년 4월호, pp.54-59, "2009 Visual Merchandising Trend"의 내용 중 일부를 발췌하여 정리한 것임.

issues analysis

위 내용은 VMD 분야의 실무전문가인 Future Presentation 김은숙 대표의 2009년도 VMD 트렌드 예측을 정리한 것이다. VMD는 창의적인 작업이지만 그 창의성 속에는 고객들이 가지고 있는 욕구, 가치관, 주된 관심사가 반영되어야 한다. 그러한 측면에서 보았을 때, 2009년 유통업체의 VMD 트렌드는 환경보존, 에너지 절약이라는 사회경제적 이슈와 맞물려 실제 디스플레이를 통해 연출될 것이며, 소비자를 매장에 오래 머무르게 하는 중요한 역할을 해나갈 것이다.

제16장

고객 서비스 관련 사례

case 16-1 때로는 Self-service가 Service!

case 16-2 RadioShack은 상품구색으로 서비스를 한다

case 16-3 Bass Pro Shops의 고객서비스는 독특한 경험제공

case 16-4 가구에 대해 자세히 알고 싶은 고객들은 IKEA를 선호한다

16 _ 고객 서비스 관련 사례

case 16-1

때로는 Self-service가 Service!

Sephora는 1969년 프랑스에서 설립된 미용상품 전문점 체인으로 1997년 LVMH(Louis Vuitton-Moët Hennessy)에 인수되었고, 현재 프랑스의 향수/화장품 체인점 선두주자이다. Sephora 체인은 현재 21개 국가에 750개 이상의 점포를 보유하고 있고, 메이크업, 스킨케어, 향수, 바디, 헤어, 악세사리 등의 품목에 대해 PB를 포함하여 250개의 브랜드를 취급하고 있는 거대한 글로벌 체인점이기도 하다.

이러한 Sephora은 프랑스에서의 성공을 바탕으로 미국시장에 진출할 때, 프랑스와는 다른 전략을 택하였다. Sephora는 미국의 화장품 소매환경을 관찰하면서 미국의 유명 화장품 브랜드들이 거의 모두 백화점에서 판매된다는 것을 발견하였다. 미국의 백화점에서는 유명 브랜드 화장품 매장마다 커미션을 받는 종업원들이 카운터 뒤에서 고객들을 기다리고 있었다.

이러한 상황에서 Sephora는 기존의 백화점 유통과 차별화를 꾀하기 위해 과감히 self-service형 화장품 소매 업태를 만들었다. Sephora는 다양한 구색의 향수 및 화장품들을 갖추어 놓고, 규모가 9,000제곱 피트에 이르는 대형 매장을 구축하였다. 상품들은 카테고리별로 진열되어 있고 동일 브랜드끼리 모여 있으며 알파벳순으로 나열하였다. 벽면에는 비디오를 설치하였고, 가판대에는 많은 종류의 화장품들을 제품 사용서와 함께 진열하여 고객들에게 편의를 제공하였다.

그렇다고 Sephora가 고객들에게 완전한 self-service를 요구하지는

않았다. Sephora는 고객들이 매장에서 화장품을 직접 써 볼 수 있도록 배려하였는데, 이 때, 고객들의 시험 사용을 돕기 위해 종업원을 배치하였다. 종업원들은 검은색의 심플한 장갑을 끼고 고객들에게 화장품의 사용법 및 효능을 설명해 주었다. 또한 Sephora에서 종업원들은 봉급만 받는다. 다시 말해서 정해진 봉급만을 받고 제조업체로부터의 커미션은 받지 않는 것이다. 그렇기 때문에 종업원들은 고객들을 귀찮게 하지 않는다. 점포의 이러한 분위기는 고객들이 좀 더 여유롭게 쇼핑할 수 있도록 만들어 주고 있다.

issues analysis

본 사례는 높은 수준의 서비스를 요구하고 있는 화장품 전문점 유통에서 오히려 self-service 방식을 채택함으로써 차별화를 추구해 성공한 Sephora에 대한 사례이다. 사례에서 Sephora는 기존 백화점 유통경로의 판매원들에 대해 귀찮게 생각하고 있는 고객들이 방해받지 않고, 여유롭게 쇼핑하고 싶어 한다는 욕구를 발견하고, 이러한 욕구 충족을 위해 기존에 찾아보기 어렵던 self-service 방식을 채택하였다. 사례에서처럼 경우에 따라서는 서비스를 하지 않고 고객을 내버려 두는 것이 서비스일 수도 있다. 물론 고객들이 불편하지 않는다는 전제하에서 말이다.

case 16-2

RadioShack은 상품구색으로 서비스를 한다

RadioShack은 북미, 유럽, 중남미, 아프리카 등에 있는 전자제품 소매 체인이다. 2008년 현재, 4,653개의 회사소유 점포와 688개의 kiosk, 8개의 서비스센터, 그리고 1,408개의 대리점을 보유하고 있다. RadioShack은 2008년 영업이익은 48억 달러에 달한다.

RadioShack은 초기에는 전자 제품과 가정용 컴퓨터를 판매하는 업체로서, 혁신적인 소매업체들 중 하나였다. RadioShack은 Tandy가 디자인하고 제조한 컴퓨터를 판매했었다. 그러나 곧 이어 카테고리 전문점들이 다양한 구색의 상품과 저가 전략을 갖고 시장에 침투해 들어왔다. 이에 대항하여 Tandy도 자체적으로 카테고리 킬러 체인점들(Computer City와 Incredible Universe)을 개점하였다. 그러나 얼마 못 가서 두 개의 체인점들을 모

두 닫게 되었고 컴퓨터 제조 사업에서도 손을 떼게 되었다. 그리고 난 후, 지역마다 교통이 편리한 곳에 RadioShack 점포 7,000개를 열게 되었다.

RadioShack은 이제 컴퓨터나 가정오락용 상품을 판매하기 보다는 첨단 기술을 사용하는 가정들에게 인터넷이나 케이블, 위성TV, 지방/장거리 전화를 쉽게 설치할 수 있도록 도와주고 있다. 예를 들어, RadioShack의 주요 판매상품들은 Auvio(Audio/Video 케이블과 헤드폰), Enercell(배터리와 파워 부속품), Gigaware(PC와 iPod/MP3 플레이어 부속품), Kronus(각종 도구), Optimus(디지털 카메라 부속품), Presidian(오디오/비디오 장비, 전화기, 전등, 계산기 등), VoiceStar(무선전화 부속품) 등이다.

RadioShack의 최고 경영자는 말한다. "많은 사람들이 도구를 만들기는 하지만 누구도 그 도구들의 연결선을 만들지는 않습니다." RadioShack은 고객들이 고객들의 기계를 최대한으로 사용할 수 있도록 도와주고 있으며, 가전제품들을 설치하거나 고쳐주는 서비스를 제공하고 있다.

RadioShack은 하드웨어 제품의 판매나 설치 및 수선 서비스뿐만 아니라 Sprit PC나 Primestar satellite 서비스도 함께 제공하고 있다. RadioShack에서 이러한 서비스를 판매하게 되면 초기 판매가의 일부와 고객 할부 금액의 일부를 갖게 된다. 또한, RadioShack은 모든 점포가 인구통계적으로 적절한 곳에 위치해 있다. 미국의 94%에 해당하는 인구가 RadioShack의 점포에서 5분 거리 내에 있게 된 것이다.

issues analysis

본 내용은 RadioShack의 상품구색을 통한 고객서비스 정신을 볼 수 있는 사례이다. 사례에서 RadioShack은 고객들이 다양한 전자제품들에 대해 사용하면서 느끼는 불편함을 해결하기 위해 직접 인적 서비스도 하고, 상품구색 자체를 그러한 서비스를 잘 할 수 있는 것으로 재구성하였다. 때문에 이제 RadioShack은 상품을 판매하는 소매점포라기 보다는 고객들이 전자제품을 잘 사용할 수 있도록 도와주는 서비스 업체라고 보는 것이 더 적절하다.

case 16-3

Bass Pro Shops의 고객서비스는 독특한 경험제공

Bass Pro shops의 Outdoor world에서는 미국의 3,500만 낚시꾼과 1,300만 사냥꾼들에게 쇼핑하면서 즐길 수 있는 모험의 경험을 제공하고 있다. Missouri주의 Springfield에 있는 170,000제곱 피트의 최고급 선박 전문 점포는 4층짜리 폭포, 총과 화살 과녁, 네 개의 수족관, 실내 드라이빙 코스, 퍼팅 그린, 물고기 먹이 주는 쇼와 워크샵을 위한 250석 강당과 회의실을 갖추어 놓고 있다. 방문객들은 머리를 자르거나 McDonald와 Hemingway's Blue Water에서 음식을 사 먹을 수 있다. McDonald's

와 Hemingway's Blue Water에는 30,000갤런 짜리 바닷물 수족관도 전시되어 있다. 또한 야생 생활 박물관은 매년 350만 방문객들을 끌어들인다. 이곳이 바로 Missouri의 가장 큰 관광 명소다. Missouri 점포보다 크기가 작은(150,000제곱 피트) 점포들 역시 매우 활동적이고 활기찬 영업활동을 하고 있으며, Atlanta, Fort Lauderdale, 그리고 Chicago에 위치해 있다. Bass Pro shops는 앞으로 Detroit, Charlotte, Dallas, Houston, 그리고 Orlando에 신규 점포를 열 계획이라고 한다.

Bass Pro shops는 사냥과 낚시를 위한 상품을 모두 다 구비하고 있다. 27 센트짜리 플라스틱 미끼에서부터 45,000 달러짜리 배나 유람선에 이르기까지 다양한 종류의 상품들을 갖추어 놓고 있는 것이다. 아울러, 낚시 도구, 사냥 도구, 캠핑용품, 배와 관련된 액세서리, 박제 스튜디오, 낚싯대와 낚싯줄 수선, 선물 포장, 낚시와 사냥에 관련된 책과 비디오, 스포츠 의류 및 신발류도 갖추어 놓고 있다.

종업원들은 낚시와 사냥에 관해서 많이 알고 있는 사람들이다. 그들은 그들이 잘 알고 있는 분야의 부서로 배치된다. 자체상표 제품은 Bass Pro shops의 전문 인력팀들이 현장에서 엄격한 검증을 거듭한 끝에 생산된 것 이다.

Bass Pro shops는 Bass Pro shops Outdoor World 라디오 프로그램을 미국 내 48개 주와 전 세계 139개 나라에 450개 라디오 채널들을 통해 방송하고 있다. 그리하여 회사는 물론 낚시와 사냥 활동을 촉진하고 있는 것이다. Bass Pro shops는 같은 이름의 잡지도 발간하고 있다. 고객들은 잡지를 구독하거나 길거리 신문 가판대 어디에서든지 찾아 볼 수 있다. Bass Pro shops는 또한 Fall Hunting Classic과 Spring Fishing Classic 이벤트를 개최하고 있다. 이벤트 행사로 제조업체와 서비스 업체의 부스가 설치되고 전문 스포츠맨들의 묘기가 보이며 고무풍선 타보기, NASCAR 자동차 경주, 수천만 달러의 상금 주기 등이 열린다.

이처럼 Bass Pro shops은 단순한 사냥용품, 낚시용품을 판매하는 것을 넘어서, 고객에게 즐거운 경험을 제공하고 있다. 이처럼 쇼핑 이외에 점포의 독특한 경험을 제공해 주는 것 또한 고객 서비스라 할 수 있다.

issues analysis

본 내용은 고객들에게 독특한 점포 경험을 제공함을 통해 관광명소가 된 Bass Pro shops의 사례이다. 고객 서비스는 단순히 물건을 구매하는 과정에서 고객에게 편리함을 제공하는 것이 아니라 사례에 나온 Bass

Pro shops처럼 고객이 유통업체를 통해 즐거움을 얻고, 다양한 경험을 할 수 있게 해 주는 것이 진정한 의미의 고객 서비스라 할 수 있다.

case 16-4

가구에 대해 자세히 알고 싶은 고객들은 IKEA를 선호한다

스웨덴에 본사를 두고 있는 세계적인 가구업체 IKEA는 전통적인 가구 전문점들과 서비스를 차별화 하는 것이 회사의 방침이다. 기존 전통적인 가구점에는 고객들이 가구전시실에 전시된 가구를 구경하고 나서, 카탈로그에 있는 다른 가구들을 살펴보게 한다. 때문에 판매원들은 고객들이 카탈로그를 볼 때, 도와주는 일만 하면 된다. 그 다음 고객이 특정 상품을 선택하면, 공장으로 주문이 이루어지고, 몇 주 후에 고객의 집으로 배송이 된다. 이러한 전통적인 가구점들의 영업방식에서 고객들은 충분한 서비스를 받기 어렵고, 가구점들 간 차별화가 어려워진다.

하지만 IKEA는 전통적인 가구점들에 비해 훨씬 큰 매장을 가지고 있으며, 방대한 매장 진열품을 토대로 셀프서비스 방식을 채택하고 있다. 고객들은 매장 내에 있는 정보 데스크에서 매장 안내도와 더불어 연필, 주문양식지, 클립보드 그리고 줄자를 수령한 후, 카탈로그와 매장 진열 상품을 면밀히 살피고, 셀프서비스 창고에서 판매표에 찍힌 코드를 보고 상품을 찾는다. 언뜻 보기에는 고객이 불편한 것 같지만 가구들에 대해 자세히 살펴보고자 하는 고객들에게는 매우 매력적인 방법이라 할 수 있다.

또한 모든 상품은 150,000제곱 피트 가량의 매장에 걸쳐 70여 개의 방에 진열되어 있다. 따라서 고객은 가구가 어떤 식으로 조화를 이루는지 보기 위해 굳이 장식가의 도움을 청할 필요도 없을 뿐만 아니라, 전시실 옆에는 조립식 가구가 상자에 담겨 있으므로 매장을 나갈 때 자신이 택한 상품을 가지고 나가면 된다.

뿐만 아니라 매장내의 탁아센터와 가구 품질에 대한 정보를 제공하는 방식으로 여타 다른 가구업체에서 시행하지 않은 서비스를 제공하고 있다. 이제 걸음마를 떼기 시작한 아이들은 50,000여 개의 색색가지 공으로 가득 찬 놀이방에서 즐거운 시간을 보낸다. 각 매장에는 우유병 데우기와 1회용 기저귀가 완비된 방이 따로 있으며, 모든 상품은 시험과정을 볼 수 있고, 디자인과 재질면에서도 제품의 질이 망라되어 있다.

issues analysis

본 내용은 〈Box case 16-1〉의 Sephora처럼 Self-service를 통해 고객서비스를 추구해 성공한 IKEA사례이다. 사례에서 IKEA는 가구에 대해 보다 많은 정보를 알고, 비교 구매하고자 하는 고객들의 욕구를 간파하고, 이를 충족시켜주기 위한 기발한 판매방식을 채택하였다. 물론 고객에 따라서는 불편하다고 생각할 수도 있겠지만 IKEA의 성공은 그들의 판단이 틀리지 않았음을 보여주고 있다.